TALLER DE ANGELES

CURSO DE CONTACTO PARA TRABAJAR CON ÁNGELES Y ARCÁNGELES

Arcángel San Miguel, Icono pintado por la autora, tempera sobre madera

Elena Nicol

Introducción

Este libro es la transcripción de mi taller de Ángeles, donde ayudo a la gente a volverse más sensible y conectarse con los Ángeles, claro, si este es su destino según el gran plan de Dios.

Espero te sea útil y el único consejo que te puedo dar, es que inicies el estudio de este libro con un corazón feliz. No va a funcionar si te sientes mal, estás herida o tu motivo es el tratar de usar a los Ángeles para tu propio avance personal.

Es importante explicar aquí que el concepto de Ángeles es intrínsecamente vinculado con conceptos religiosos. No puedes trabajar con Ángeles si no crees en Dios. No importa que nunca vas a una iglesia organizada o qué tipo de religión practiques, ya que los conceptos que veremos en este libro son universales y están respaldados por tres de las mayores religiones; pero la fe es necesaria.

Los Ángeles siempre están a la espera de nuestras peticiones, pero no los veas como tus sirvientes. Puedes pedir ayuda y consejo, ellos nos ayudan a conectarnos con Su amor divino, con Dios, y entender cuál es nuestro plan en esta tierra.

Espero que este libro te ayude a entender y conocer más acerca de nuestros queridos acompañantes, y te faciliten el contacto para que en el futuro, puedas trabajar con ellos libremente; entre más mejores tu esfera de influencia, más sanas el mundo entero.

¡Vamos a trabajar con Ángeles!

¿Quiénes son los Ángeles?

Iniciemos con la definición. Los Ángeles son personajes presentes desde el principio de los tiempos en la tradición religiosa occidental judeo-cristiana-árabe.

Son seres inmortales, creados por Dios para ser mensajeros de la obra divina.

Ellos vibran a un nivel más alto que el hombre, y están completamente superditados a Dios, por eso no tienen libre albedrío, como los seres humanos.

Narraciones los describen como seres fuertes, inteligentes, felices, perfectos e innumerables, de hecho se conocen a muy pocos de ellos. Son invisibles al ojo del adulto humano –hasta que ellos así lo desean y se hacen visibles - aunque algunos niños y los animales si alcanzan a verlos.

Ellos adoran a Dios y guían a los hombres, protegen a los creyentes, traen juicios y mensajes, guían a las almas al cielo, hacen la guerra contra el mal permanentemente, iluminan, enseñan y transmiten la Gracia. Son los transmisores de energía, los conectores entre nosotros y el cielo.

Han de ser invocados, y no se les debe de adorar, recuerda que sólo se adora a Dios en su triunvirato.

Ángel viene del griego, *aggelos,* 'mensajero', espíritu celestial considerado como mensajero, o intermediario, entre Dios y la humanidad.

Todas las religiones reconocen el vínculo que los seres humanos tienen, o deben tener, con el reino sobrenatural.

En la antigua religión griega, en el judaísmo, en el cristianismo y en el islam, se piensa que esta relación incluye a los Ángeles; enviados como mensajeros divinos a la humanidad para instruirnos, informarnos o dirigirnos.

Un Ángel puede actuar también como guardián protector, como guerrero celestial e incluso como poder cósmico. Más aún, la línea divisoria entre un Ángel bueno y un Ángel malo (o demonio) está a veces poco clara. Por lo tanto, los Ángeles pueden describirse, en general, como poderes personificados, mediadores entre lo divino y lo mundano.

Ellos viven en el cielo y visitan la tierra cuando tienen una misión encomendada por Dios. La única excepción son los Ángeles guardianes, que son nuestra constante compañía.

Según la literatura religiosa de varias tradiciones, el Cielo se conforma de esferas concéntricas que mantienen a la tierra en su interior.

La tierra está separada del cielo por una esfera de aire, ésta se encuentra dentro de una esfera de fuego, luego la esfera de la luna, la esfera de mercurio, la de Venus, la del sol, la de Marte, la de Júpiter, la de Saturno, la de las estrellas fijas. Aquí es donde termina el cielo físico y empieza el cielo espiritual, el sistema se denomina tras el erudito que lo diseño: Ptolomeo.

Sistema Ptolemaico de las esferas celestiales

La onceava es la esfera de la liberación: el cielo móvil o cielo cristalino. La doceava es la fuerza motriz del universo y la treceava el refugio de los bien aventurados, pasando esto ya es el universo, el cielo vasto o empíreo donde está la rosa de los bienaventurados, los 9 círculos angelicales y finalmente Dios.

Ilustración de Dore en la Divina Comedia

En su transición al absoluto monoteísmo, el antiguo Israel fue capaz de asumir la imagen de un concilio de dioses convirtiendo a todos ellos en Ángeles que sirven a un solo dios, lo mismo que los cortesanos terrenales sirven sólo a su rey. Esta aceptación de una creencia en la existencia de Ángeles se desarrolló de forma relativamente fácil porque tanto los dioses menores como los Ángeles podían ser llamados hijos de Dios.

El pensamiento hebreo tradicional asume que los Ángeles tenían la forma de varones humanos, por lo que podían ser confundidos con hombres con bellas facciones. Aunque cabe notar que no tienen sexo. Algunos de los ejemplos más recientes de literatura angélica, especialmente la de la "nueva era" incluyen "Angelinas" o Ángeles femeninos y aunque es buen mercadeo para atraer mujeres feministas, debes de entender que eso no es cierto. Los Ángeles no tienen atributos femeninos o masculinos. Yo me alejaría rápidamente de esos libros.

Generalmente, la angelología judeocristiana divide a los Ángeles en tres jerarquías, cada una de ellas integrada por tres coros. La primera jerarquía incluye a los coros de serafines, querubines y tronos; la segunda, a los coros de dominaciones, potestades y virtudes; la tercera, a los coros de principados, Arcángel es y Ángeles propiamente dichos. Ya lo explicaremos con detenimiento más adelante.

Después de la cautividad de Babilonia sufrida por el pueblo judío entre el 597 y el 538 a.C., el pensamiento judaico con respecto a los Ángeles fue considerablemente alterado y enriquecido. Basándose en el arte mesopotámico, los artistas y escritores comenzaron a dotar de alas incluso a los serafines antropomórficos, y se desarrolló un interés por las prendas de los Ángeles, sus nombres y sus categorías. Además de la influencia mesopotámica, la tradición dualista Persa añadió otra dimensión a la angelología hebrea, postulando Ángeles hostiles y destructivos que se rebelaban contra Dios.

Los Esenios veían el mundo como un campo de batalla, la escena de un combate entre el espíritu de la Verdad y el espíritu del Mal, este último, un poder demoníaco opuesto a Dios llamado Belial.

Posteriores desarrollos, tanto en el judaísmo como en el cristianismo, mostraron un importante crecimiento del mundo angélico, no menor al hecho de la continuidad de la antigua práctica de aceptar a los dioses de religiones politeístas convirtiéndolos en querubines. Aunque la creencia en los Ángeles es ampliamente testificada en la Biblia, muchos teólogos, a pesar de todo, sugieren que el concepto fue adoptado por los escritores bíblicos tanto como mecanismo literario para personificar la presencia divina; y como un medio para degradar a los dioses de religiones politeístas.

Basándose en las tradiciones del judaísmo y el cristianismo, el islam desarrolló su propia jerarquía angélica. Muchos de ellos, tales como los Arcángel es Miguel y Gabriel o los portadores del trono de Alá (un león, un águila, un toro y un hombre, copiando las imágenes de los evangelistas), muestran su clara inspiración judeocristiana. La religión preislámica árabe era politeísta, lo que explica el desarrollo en el islam de una jerarquía de tales espíritus celestes.

El Arcángel es un ser celestial perteneciente, según la tradición cristiana, al octavo coro de los nueve que componen la jerarquía de los Ángeles (en orden decreciente, estos coros son: Serafines, Querubines, Tronos, Dominaciones, Potestades, Virtudes, Principados, Arcángel es y Ángeles).

En el judaísmo y en el cristianismo, los Arcángeles más citados son Miguel, Gabriel, Rafael y Uriel. En el islam: Gabriel.

San Gabriel Arcángel es de gran importancia en la tradición Judía, Cristiana e Islámica. Es uno de los cuatro Arcángel es más famosos en el judaísmo y el cristianismo (junto a Miguel, Rafael y Uriel).

Gabriel es el heraldo celestial que aparece para revelar la voluntad de Dios. En el Antiguo Testamento, Gabriel interpreta la visión del profeta del carnero y del macho cabrío (Dan. 8,15-26) y explica la profecía de las 70 semanas de años (o 490 años) de la duración del exilio de Jerusalén (Dan. 9,21-27). En el Nuevo Testamento, anuncia a Zacarías el nacimiento de su hijo (Lc. 1,11-20), que estaba destinado a ser conocido como Juan el Bautista, y a María que sería la madre de Cristo (Lc. 1,26-31). Entre los musulmanes, a Gabriel se le considera el espíritu que reveló las Sagradas Escrituras del Qran al profeta Mahoma.

Gabriel es el príncipe del fuego y el espíritu que predomina sobre los truenos y la maduración de la fruta. Es un hábil políglota, que enseñó a José las 70 lenguas que llegaron a hablarse en Babel. En la iconografía cristiana se le representa casi siempre portando un lirio, la flor de María en la Anunciación, o la trompeta que el sonará para anunciar la segunda venida de Cristo.

San Miguel Arcángel (en hebreo, '¿quién como Dios?'), es uno de los siete Arcángel es en el judaísmo, el cristianismo, y el islam. Figura como jefe de los Ángeles (Dan. 10,13-21; 12,1) y como Ángel Guardián de Israel.

Según el apócrifo Libro de Enoc, Miguel y su contingente de fieles tropas derrotaron al Arcángel rebelde Lucifer y a sus seguidores, a los que arrojaron al infierno. En el Talmud, su relación con los otros Ángeles se compara con la del sumo sacerdote con el pueblo de Israel; del mismo modo, Miguel fue el interlocutor de Moisés en el monte Sinaí (He. 7,38).

San Miguel ha sido conocido como patrón de los enfermos, de los tenderos, de los marineros y de los soldados. También es el santo patrón de Alemania y otros países. En el arte aparece sosteniendo escalas o una bandera, y blandiendo una espada contra un dragón pues es el general de los Arcángel es y quien despacha justicia. Desde 1970, el día dedicado a la fiesta de san Miguel (el 29 de septiembre), se dedica también a las festividades de los Arcángel es san Gabriel y San Rafael.

San Rafael Arcángel, es uno de los Arcángel es más citados en el judaísmo y en el cristianismo, junto a san Gabriel y san Miguel. Él es quien mantiene el balance natural y por eso se trabaja con él para pedir sanación y salud.

ICONOGRAFÍA

La iconografía es el compendio de imágenes que a manera de reglas simbólicas, denotan mensajes; eso significa que cada imagen tiene un significado único y concreto.

Por ejemplo, cuando vemos en cuadros religiosos un Santo o Ángel con una Palma, esta significa la Victoria de Dios sobre todas las cosas.

Otros símbolos son:
Instrumentos musicales – alabanza a Dios
Trompeta – anunciación
Incensario – adoración u oración
Estrellas, diadema – autoridad
Flores – pureza
Espada – guerrero contra el mal

Los Ángeles son un ejército, y se les ha dividido en égidas. Égida viene del griego clásico *aegis* que es el nombre del escudo de la diosa Minerva; y se refiere a algo que está bajo el cuidado o patronaje de un ser superior.

Esta clasificación viene de tiempos inmemoriales pero eruditos creen que fue un monje que usó el seudónimo de Dionisio Areopagita alrededor del siglo VI quien, tras estudiar textos bíblicos, dividió las jerarquías angélicas. El escribió un manuscrito llamado "Acerca de la jerarquía celeste" y fue uno de los libros estudiados y re-escritos muchas veces y se mantuvo vigente durante Edad Media.

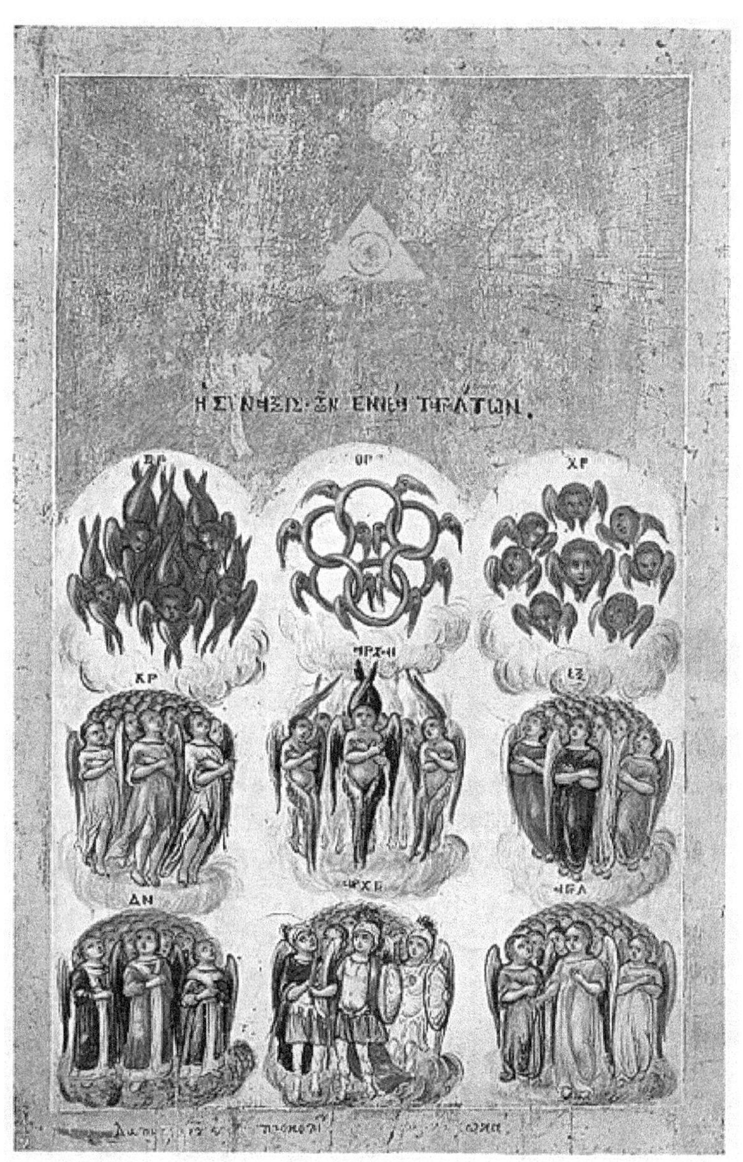

Las egidas en un Icono en Grecia

Las tres égidas son:

EGIDA DEL PADRE

SERAFINES

Comandados por Justinius, son Ángeles que purifican e iluminan.
Custodian lugares sagrados y proclaman la *Gloria de Dios*, dan al hombre la iluminación del amor divino, dan y reparten el principio de la vida universal, son los llameantes ya que constituyen los rayos de Dios, limpian los pecados y son los más cercanos a Dios. Son seres con tres pares de alas. Son mencionados en la visión de Isaías (Isaías 6, 1-3), y están asociados al fuego y al color rojo

QUERUBINES

Ordenan y liberan del caos, dan a la humanidad sabiduría, pensamiento, altas ideas… son los custodios del Edén y son los guardianes del conocimiento. Son la *Sabiduría de Dios*. Tienen dos pares de alas con ojos. Se les menciona Ezequiel 10, 4-22 y están asociados al color azul.

TRONOS

Le dan al hombre la memoria colectiva y el sentido de la unión, representan la *Unión con Dios* y nos otorgan la perseverancia; mantienen la materia sutil, la forma y el orden primordiales. También los leemos en Ezequiel 1, 15-21, y están descritos como ruedas llenas de ojos y, en ocasiones, también tienen alas y fuego.

EGIDA DEL HIJO

DOMINACIONES

Representación afectiva del cuerpo, son la fuerza interior, sanan nuestros cuerpos y curan, son el Poder Divino y representan la *Soberanía de Dios*. Usualmente se encuentran entre dimensiones, y se les representa con cetro y corona cuando están en paz, alabando a Dios pero con cascos y espadas si están en guerra con el enemigo.

VIRTUDES

Producen y cuidan al reino mineral y su utilización para curar el alma, son la fuerza contra la mentira, obran milagros y representan la *Voluntad de Dios*. Usualmente se les representa con un libro.

POTESTADES

Son los productores de los cuatro elementos absolutos (tierra, aire, agua y fuego), mantienen el balance del universo, incluyendo el movimiento de los planetas y cuidan del balance entre la materia y el espíritu. Apoyan a la humanidad en su lucha contra sus enemigos, son el *Poder de Dios*, la fuerza de la luz, los guerreros protectores que eliminan al mal y nos protegen contra él. Se les representa con un cetro largo.

EGIDA DEL ESPIRITU SANTO

PRINCIPADOS

Encargados del equilibrio natural elemental y el reino vegetal, representan el *Dominio de Dios*, atraen las fuerzas naturales hacia la humanidad, manejan la sumisión. Son particularmente poderosos cuando se les invoca en grupo, ya que ayudan como conductores de gente, sea en tribus, gobiernos, naciones, etc.

ARCÁNGEL ES

Encargados del reino animal, comandan a los Ángeles y son los mensajeros de Dios, representan el *Liderazgo de Dios*, cuidan el balance del dominio del hombre sobre la tierra y luchan contra el mal. La Biblia menciona 7 pero por nombre son 4 los más reconocidos.

ANGELES

Protegen a las creaturas de Dios, representan la *Protección de Dios*, preceden el génesis de la humanidad, nos guían a la vida eterna y nos otorgan el discernimiento moral.

ALMAS GLORIFICADAS

No son parte de las egidas pero son aceptados para que existan en el mundo celestial como consejeros espirituales con inteligencia y comprensión de las cosas divinas y ordinarias; cuidadores físicos y anímicos de los seres humanos.

Cabe mencionar que en la clasificación de Ángeles se encuentran nuestros Ángeles guardianes, usualmente olvidamos que existen o los ponemos a un lado injustamente porque creemos que es cosa de niños.

Los Ángeles de la guarda eligen tu alma y se quedan contigo desde antes de que nacieras. Por lo tanto, te conocen muy bien, conocen tu verdadera esencia, antes de ser influenciados por la familia, la cultura y el tiempo en que venimos al mundo.

Por eso los Ángeles de la guarda saben cuál es tu plan divino, lo que viniste a la tierra a aprender y enseñar. Y como pueden ver directamente en tu corazón, conocen tus deseos y tus miedos más profundos.

Así que mejora tu relación con tu mejor amigo, tu Ángel de la guarda, confíale con cualquier cosa que te preocupe, y pide que te guie.

ATRIBUTOS Y DIVISIONES

Según la Tradición Cabalística, hay 72 atributos o cualidades que rodean y sirven a Dios, y cada una están representadas por su Ángel, quienes están siempre a disposición de los seres humanos para atender sus necesidades, ayudándoles a evolucionar y crecer espiritualmente.

Cábala o Kabbalah, deriva del hebreo Kabbel, que significa: recibimiento, aceptación; es el conjunto de normas y herencias religiosas, espirituales, filosóficas y sociales recibidas por los iniciados en el tratado filosófico-religioso hebreo, cuyo contenido busca descifrar el sentido secreto de la Biblia, a través de una teoría y un simbolismo de los números y letras llamado *gematría*. La cábala es la ciencia del nombre de Dios, la tradición oculta o esotérica de los hebreos.

Aquí solo los mencionaremos ya que trabajar con cábala es un tema fuera del campo de aplicación de este libro, pero si despierta tu interés te aseguro que te será muy beneficioso que lo estudies.

Los 72 nombres son:

"VEHUIAH"　　　"JELIEL"　"SITAEL"　　"ELEMIAH"
"MAHASIAH"　"LELAHEL"　"ACHAIAHL"　"CAHETHEL"
"HAZIEL"　"HALADIAH"　"LAOVIAH"　"HAHAHIAH"
"YESALEL"　　"MEBAHEL"　"HARIEL"　　"HEKAMIAH"
"LEUVIAH"　　"CALIEL"　"LEUVIAH"　　"PAHALIAHI"
"NELCHAEL"　"IEIAEL"　"MELAHEL"　　"HAHEUIAH"
"NITH-HAIAH"　"HAAIAH"　"IERATHEL"　"SEHEIAH"
"REYELI"　　"OMAELI"　　"LECABEL"　　"VASAHIAH"
"IEHVIAH"　"LEHAHIAH"　"CHAVAKIAH"　"MENADEL"
"ANIEL"　　"HAAMIAH"　　"REHAEL"　　"IEIAZEL"
"HAHAHEL"　"MIRAEL"　"VEULIAH"

"YELAIAH" "SEALIAH" "ARIEL" "ASALIAA" "MIHAEL"
"VEHUEL" "DANIEL" "HAHASIAH" "INAMAMIAH"
"NANAEL" "NITAHEL" "MEBAHIAH" "POIEL"
"NEMAMIAH" "IEIALEL" "HARAHEL" "MITZRAEL"
"UMBAEL" "HIA-HEL" "ANAHUEL" "MEHIEL"
"DAMABIAH" "MANAKEL" "AYEL" "HABUHIAH"
"ROCHEL" "YABAMIAH" "HAIAIEL" "NUMIAH"

Los Ángeles también tienen una división elemental, así que a cada uno se le ha dado la tarea de manejar uno de los elementos esenciales del universo. Cada elemento representa una parte del ser humano, de esta manera:

FUEGO	nivel espiritual
AIRE	nivel mental
AGUA	nivel emocional
TIERRA	nivel físico
QUINTA ESCENCIA	gracias especiales

Algunos Ángeles tuvieron misiones muy importantes; el conocimiento general que ahora tenemos viene de ellos; por ejemplo: Azayel enseñó a los hombres la pintura y otras artes, y también a fabricar armas, Tamiel nos enseñó la astrología y Amazarak la herbolaria.

Vitral en la Iglesia de Sn Lorenzo, Alton, Inglaterra, donde se pueden observar tres Arcángeles.

También debemos mencionar a Lucifer, quien es el Ángel caído. Cuando Dios creo al hombre, le dijo a los Ángeles que deberían de cuidarnos y ayudarnos, pero Lucifer se negó, el creía que era denigrante el estar superditado al hombre; así que se negó a hacerlo. Esa desobediencia a Dios le costó su lugar en el cielo y fue expulsado. Algunos Ángeles estaban de acuerdo con él y le siguieron en su caída, ellos se convirtieron en demonios.

Ellos ahora están en la tierra, como dice San Pedro: buscando gente a quien devorar, como bestias, tratando de que tantos humanos como sea posible pierdan su alma y los acompañen en el infierno.

Es no un concepto metafórico, alegoría o mera retórica. Esto es literal, hay una pelea constante en este mundo por nuestras almas.

De ahí que los Ángeles y demonios están en contante estado de guerra y como ya dijimos, los Ángeles son como un ejército y están dirigidos por los Arcángeles; cada uno tiene su división y son los que están más cercanos a la raza humana y de ellos, podemos recibir la siguiente ayuda:

MIGUEL Y LOS ANGELES DE LA PROTECCIÓN

Su nombre significa: "El que es como Dios" y su color es el azul.

A él le podemos pedir:

Liberación de miedos, fortalecer nuestra fe, mejorar autoestima, perfeccionar el alma, protección contra peligros físicos, psíquicos y espirituales, evitar el mal.

Por su alto nivel, y entendimiento de los asuntos militares, le podemos pedir que le de inspiración a los líderes mundiales y gobiernos.

JOPHIEL Y LOS ÁNGELES DE LA ILUMINACIÓN

Su nombre significa: "La belleza de Dios" y su color es el amarillo/dorado.

A él le podemos pedir:

Sabiduría, iluminación, conocimiento, visión clara, inspiración, comprensión, conexión superior, ayuda en los estudios, liberación de adicciones, disolución de orgullos, ignorancia y estrechez de mente.

Por su posición, a él se le pide ayuda a la limpieza física y metafísica del planeta.

SAMUEL Y LOS ANGELES DEL AMOR – ANGELES DE LA GUARDIA

Su nombre significa: "El que ve a Dios" y su color es el rojo/rosa.

A él le podemos pedir:

Amor, compasión, misericordia, armonía, perdón, que nos ayude contra el egoísmo y la auto condenación; preparación para recibir al espíritu santo, protección contra la malicia, sanación de relaciones e inicio de nuevas; localización de objetos perdidos y ayuda con nuestros problemas laborales.

Por su posición, le podemos invocar para ayudarnos al alivio de tensiones étnicas y raciales en el mundo. El amor es el instrumento más poderoso del ser humano, por eso la clave es amar a dios por sobre todas las cosas y amarnos unos a los otros, como Jesús nos ama. Aun para los ateos, es innegable que el amar a los seres humanos y el aplicar la regla de oro, respetar a los otros así como nos gusta ser respetados, es la clave para vivir en armonía.

El conectar de Ángel de la guardia a Ángel de la guardia es primordial, ve como juegan los niños, así es como debemos conectarnos unos a otros. Ellos no ven raza o posición social, ellos ven a un amiguito para jugar. Es con esa inocencia primordial, como debemos conducirnos. Hay un video en el internet que ilustra esto perfectamente: hay dos amiguitos en el colegio, que pidieron a sus mamas que los llevaran al peluquero para que les cortaran el pelo igualitos; así, iban a hacer que la gente creyera que eran gemelos. La belleza de sus almas es innegable ya que un chico es blanco y el otro negro; ambos son ciegos a su diferencia racial. Ellos están guiados por sus Ángeles de la guardia y el Arcángel Samuel.

Otro hermoso ejemplo nos lo dan los pueblos Mayas, ya que ellos saludan de estas maneras en los diferentes dialectos:

¿Bix a béel? Que se traduce como: ¿Cómo está tu camino?

¿Toj a wóol? Que significa: ¿Está derecha tu alma/ánimo?

¿Jas kub'ij k'ux la? Que es:¿Qué dice su corazón?

Fascinante como viven guiados por el amor, ¿no?

GABRIEL Y LOS ANGELES DE LA GUIA

Su nombre significa: "Dios es mi fortaleza" y su color es el blanco/plata.

A él le podemos pedir:

Alegría, realización, vida espiritual, orden, disciplina, nuevas directrices en carrera y profesión, consejo al adquirir bienes, guía en decisiones de educación y carrera, organización mental y en la vida, mantenimiento de la paz.

Por su posición, es el que auxilia a los servicios de emergencia, ayuda en la distribución de los alimentos y asiste a víctimas de desastres.

ZADQUIEL Y LOS ANGELES DE LA ALEGRIA

Su nombre significa: "Justicia de Dios" y su color es el violeta.

A él le podemos pedir:

Transmutar lo negativo, tolerancia, buen humor, diplomacia, inspiración, -sobre todo artística- y la disolución de recuerdos dolorosos.

Por su posición, el ayuda en los niveles altos de gobiernos, le podemos pedir que de inspiración angelical para negociaciones entre naciones, redactar leyes y políticas económicas justas.

El violeta es el color de la trasformación y la transmutación así que es esta cohorte angelical son los responsables del cambio; pero hay que notar aquí que para trabajar con estos Ángeles y este Arcángel la clave es la felicidad.

El ser feliz ayuda a hacer la labor de Dios. Por eso es tan importante el entender que como te comportas es importante para abrir el corazón, alinear el alma y mantener el cuerpo sano y de acuerdo al plan de Dios. De nada sirve pedir cambio y armonía si no eres congruente en tu vida diaria con ello.

Te recomiendo que veas el video de Denis Prager "la felicidad es un asunto serio", es una maravilla, ya que explica perfectamente porque es importante actuar con felicidad, se lo debemos a las otras personas; y como es una actitud ante la vida, una decisión personal. ¡No esperes que cosas te hagan feliz, decide ser feliz ahora!

URIEL Y LOS ANGELES DE LA PAZ

Su nombre significa: "Fuego de Dios" y su color es el naranja.

A él le podemos pedir:

Paz, tranquilidad, resolución pacífica de problemas, creación de lugares armoniosos para vivir o trabajar, ayuda con problemas psicológicos. Estos Ángeles asisten a quien labora con la mente (psicólogos, terapeutas, profesores, jueces…), y en general con cualquiera que ayuda a los demás.

Por su posición, se le invoca para pedir el fin de la guerra, promoción de la hermandad y la aplicación de la justicia divina.

RAFAEL Y LOS ANGELES DE LA CURACIÓN

Su nombre significa: "Dios ha curado" y su color es el verde.

A él le podemos pedir:

Integridad, curación, sanación de cuerpo, alma y mente, vida espiritual, inspiración para el estudio y práctica de la ciencia y medicina. Satisfacción de necesidades físicas, curación de heridos y enfermos, y por su posición, ayuda a doctores, cirujanos, enfermeras, cuidadores y terapeutas a tratar a los enfermos con éxito y también guían a los científicos e investigadores a la creación de nuevas técnicas y remedios.

Voy a hacer una nota aquí: hay mucha información en internet, lo cual es genial, pero el problema es que no todo es cierto. Uno de los problemas que encontrarás es que no todo tiene sentido, por ejemplo, los intentos de hacer tablas que tratan de emparejar Ángeles con los días de la semana o planetas, por ejemplo. No perdería mi tiempo con ellos, así que concéntrate en trabajar con ellos correctamente y con un corazón puro; estoy segura de que no les importa en qué día de la semana trabajes con ellos.

Ahora que ya entendemos las diferentes áreas en las que los Ángeles nos pueden ayudar, vamos a ver la manera de trabajar con ellos.

Hay varias reglas y consideraciones que debemos tomar si queremos conectarnos con los Ángeles y trabajar con ellos eficazmente:

- Los pedimentos han de ser para cosas buenas, no pedir que nuestros enemigos sean castigados, que algo malo le pase a otros, etc.
- Sólo debemos usar oraciones en positivo, nunca usar palabras en negativo como: "no", "nunca" y siempre en tempo presente
- Tu mundo entero ha de ser armónico, como te comportas, lo que piensas, todo debe ser congruente al amor y la armonía para que vibres lo suficientemente alto en una frecuencia que te permita conectarte con los niveles superiores y por ende, con los Ángeles.
- Hacer oraciones, decretos, afirmaciones y fíats en voz alta. El don de la palabra produce los cambios, así que cuida tu tono y hazlo cuando estés en calma, serena y feliz.
- Repítelos en números celestiales: tres, siete o nueve veces.
- Utiliza el nombre de Dios "yo soy el que yo soy", las invocaciones han de incluir a Dios y siempre con la misión de seguir su plan.
- Ofrece oraciones todos los días, la practica te facilitara conectarte más rápida y fácilmente.
- Pide que te guíen, es para que tú hagas la labor de Dios, no para cumplir tus caprichos.
- Dirige la oración al Ángel adecuado.
- Usa peticiones específicas y detalladas.
- Visualiza lo que deseas (usa intensas imágenes mentales)
- Espera sorpresas (la respuesta a lo que pidas depende de tu karma) y como ya sabes, Dios trabaja en maneras misteriosas. Tu respuesta podrá llegar de manera inesperada.
- Da un tiempo preciso para la acción. (por eso usamos el tiempo presente en nuestras oraciones)

Aquí voy a hacer notar dos cosas, una de ellas es acerca de tu vida armónica. Tienes que trabajar en todos tus aspectos de forma congruente, esto significa que la armonía ha de ser en todo: como piensas, como actúas, lo que comes, lo que le das a tu mente a "digerir", como mantienes tu casa, como tratas a la gente, etc. No vas a poder conectarte con Ángeles en una casa sucia, si críticas a todo el mundo y te la pasas viendo cosas negativas en la televisión. Hay que ser congruente.

Déjame compartirte un experimento que los científicos japoneses hicieron hace algunos años, en el cual llenaban pequeños contenedores con agua y los exponían a diferentes ambientes: le hablaban con lindos tonos, bellas palabras, o es tocaban música clásica, rimas de niños, etc. Instantáneamente congelaban esos contenedores y los observaron bajo un microscopio. El agua al congelarse formo cristales de belleza increíble, perfecta geometría, etc.

El experimento se repitió pero esta vez expusieron el agua a agritos, groserías, sonidos altisonantes, etc. Y el agua al congelarse formo cristales deformes.

Esto comprueba que importante es el proyectar energía positiva y como nuestra energía –positiva o negativa- afecta a otros y nuestro ambiente. Por eso es importante el manejo adecuado de las palabras, el léxico y la inflexión de nuestra voz no sólo cuando rezamos o invocamos Ángeles, pero en nuestra vida diaria.

Veamos que significan las diferentes maneras que tenemos de trabajar con Ángeles:

Oración	Súplica o ruego que se le hace a un ente superior
Decreto	Mandato o disposición con firme creencia de fe
Afirmación	Acción y efecto al asegurar o dar por hecho de modo firme
Fíat	Forma antigua de la afirmación, se usa para los rituales religiosos
Visualización	Representar ideas con imágenes en nuestra mente, debe ser con una fuerte carga emocional
Invocación	Pedir la presencia de un ser superior para poner nuestros problemas en sus manos

En los ejercicios de este libro, usaremos todas estas maneras, por eso es importante que entiendas la diferencia.

Para trabajar eficazmente, tienes que entender como el ser humano esta creado energéticamente, y los elementos con los que vamos a trabajar cuando queremos conectarnos con los Ángeles.

El plano espiritual se trabaja con elemento fuego; el emocional con agua, el mental con aire, y el material con tierra. Así, los Ángeles del aire te ayudaran con tu mente; los de la tierra con tus necesidades físicas, los de agua con tus emociones y los de fuego con tu trabajo espiritual; toma nota para saber a cuales Ángeles dirigirte según lo que necesites.

Cada ser humano es una compleja obra mística y el diseño de Dios es muy intrincado, debemos entender como estamos construidos energéticamente para comprender como trabajamos y por ende como conectarnos con los demás cuerpos místicos y trabajar efectivamente con ellos.

Primeramente, tenemos un cuerpo, un alma y un espíritu. El cuerpo obviamente en la expresión física de tu ser. Es la manera de interactuar con esta dimensión y está en constante ataque de las fuerzas del mal.

El Espíritu está dotado de entendimiento y de libertad, y es independiente del cuerpo, es nuestra conexión con Dios.

El Alma tiene sus raíces en este mundo; es el principio de nuestra vida orgánica y animada, nuestra vida humana y vinculada con la mente, nuestra personalidad.

¡No es lo mismo Alma que Espíritu!

Energéticamente, estamos creados a partir de una columna de energía que tiene centros donde se regenera esa energía primordial de vida y se llaman chakras.

"Chakra" proviene del idioma sánscrito y puede traducirse como "círculo" o "rueda", y se refiere a cada centro energético que se sitúa en el cuerpo del ser humano y se encarga de regular las emociones, balancear el funcionamiento del organismo y generar la energía astral que nos conecta con el universo.

Cuando meditamos, oramos o hacemos trabajo espiritual, estos chakras se despiertan y se llenan de energía. Esos chakras están colocados en diferentes puntos de nuestro cuerpo, basados en la columna vertebral; desde el coxis hasta la coronilla.

Primer Chakra: el chakra raíz

Representado con el color rojo, este chakra se encuentra ubicado en la base de la columna. Está conectado con el Elemento Tierra y se relaciona con la vitalidad, el aparato digestivo y las necesidades básicas.

Segundo Chakra: el chakra del sacro

Lo encontraremos por debajo del ombligo. Su elemento es el agua por ello está relacionado con toda clase de procesos psicológicos y mentales como las emociones, el placer, la creatividad o la necesidad de socializar.

Tercer chakra: el chakra del plexo solar

Su color es el amarillo y su elemento es el fuego. Está situado por encima del ombligo en la boca del estómago. Trabaja con el intelecto, la autodisciplina y la actitud.

Cuarto chakra: el chakra corazón

Su color es el verde y su elemento el aire. Ubicado en el centro del pecho, está relacionado con todo lo que tiene que ver con el amor y la capacidad de amar incondicionalmente, pero no solo el amor romántico o de pareja, sino amor a uno mismo, al mundo, a los demás, a lo que haces, etc. y trabaja con la empatía, el perdón, la compasión y la aceptación de los demás y de uno mismo. Importantísimo para trabajar efectivamente con Ángeles.

Quinto chakra: el chakra de la garganta

Su color es el azul y elemento éter. Se encuentra en la garganta y por ello está relacionado con la comunicación, la sabiduría, la capacidad de organización y la planificación. Está unido al uso adecuado de las cuerdas vocales, el oído, la garganta y los pulmones; por lo que rige en lo que decimos, entendemos, aceptamos y creemos. ¡Muy poderoso!

Sexto chakra: el tercer ojo

Concerniente con el color índigo y la luz. Se encuentra en la zona del entrecejo y está relacionado con nuestro sistema nervioso y endocrino. Trabaja con nuestra intuición, la percepción, las experiencias metafísicas y guía nuestra autorrealización.

Séptimo chakra: el chakra de la coronilla

Su color es el morado/violeta o blanco y el elemento es el éter. Se encuentra en la coronilla y es el centro de la conexión espiritual. Conecta las partes física, emocional, mental y espiritual y es nuestra conexión con Dios. Por su localización, está muy vinculado al cerebro.

Rezar, decretar, es meditar. Y al hacerlo, equilibra todos los chakras, que como ves, necesitamos que todos estén trabajando bien para que todos los aspectos de nuestra vida tengan la energía adecuada.

Esta es una tabla de los chakras y las conexiones con otros conceptos; puedes usarlo para equilibrar la energía de cada chakra o detectar si tienes algún problema con alguno de ellos. Nuevamente, al igual que el comentario sobre los ángeles, la información en internet no es confiable, las páginas dicen tener conocimiento pero todas dicen cosas diferentes, no hay conexión con los planetas ni con los días de la semana, así que ten cuidado con lo que lees.

CHAKRA Y SU AREA DE INFLUENCIA	FUNCIONA SOBRE	CARACTERÍSTICAS POSITIVAS	DESBALANCE CREA
Corona Sistema nervioso central, cabeza, cerebro, glándula pineal	Pensamientos Conexión con el universo Ritmos Circadianos	Humildad Vivir en el presente, conciencia, amor espiritual, compasión, armonía	Orgullo Enfermedades mentales, depresión, problemas de aprendizaje
Tercer ojo Sistema autónomo, hipotálamo, ojos, pituitaria	Luz Intuición	Paciencia Conciencia espiritual, intuición, servicio	Ira Problemas de visión, pesadillas, alucinaciones

Garganta Garganta, cuello, oídos, sistema respiratorio, tiroides	Éter / Sonido Oído	Caridad Fe, creatividad, comunicación, fuerza vital	Codicia Problemas de tiroides, boca y dientes, problemas de cuello, falta de propósito, problemas de comunicación
Corazón Sistema circulatorio sistema inmunológico y linfático, timo, presión sanguínea	Aire Tacto	Amabilidad Amor universal y compasión, perdón, confianza	Envidia Problemas respiratorios, alergias, trastornos inmunológicos, soledad, problemas antisociales
Plexo solar Sistema digestivo, hígado, páncreas	Fuego Visión	Diligencia Fuerza de voluntad, conexión con lo divino	Pereza Problemas de digestión, hepatitis, diabetes, baja autoestima, fatiga crónica
Sacro Abdomen, sistema urinario, suprarrenales	Agua Gusto	Templanza Relaciones, desapego, apertura y receptividad	Gula Problemas genitales y de fertilidad, problemas articulares

Raíz Órganos sexuales, pelvis, piernas y pies	Tierra Olfato	Pureza Manteniéndo se aterrizado y centrado, acción en el plano físico, asociación en tribus	Lujuria Trastornos de la sangre. Problemas óseos, ansiedad, miedo, inestabilidad, materialismo

El trabajar con Ángeles está correlacionado con el trabajo personal y uno de los aspectos más importantes son los chakras.

Para mantenerlos balanceados, ofrece algo a los demás, haz algo bueno para otras personas, mantente alegre y con una buena actitud frente a la vida, realiza actividades que te exijan disciplina y constancia. Maneja efectivamente tus horarios de trabajo y descanso. Y completa las tareas que tengas pospuestas; la dilación es tu peor enemigo energético.

Pasa tiempo en la naturaleza, brinda amor a los demás, aconseja, ayuda, da servicio, se útil. Aprende a escuchar a otros y a comunicarte eficientemente, sin lastimar a otros, sin hablar con mala intención, chismear o mentir. No usar majaderías y palabras altisonantes es muy importante también.

Maravíllate del mundo, observa las estrellas, conectándote con el universo, admira al mundo. Reza y medita. Se agradecida con Dios, la vida y el universo por lo que tienes; solo alcanzaras un estado de paz y armonía completa cuando hagas un esfuerzo consiente de renunciar a los problemas y pensamientos negativos. ¿Suena bien? Nada nuevo, todo esto está en la Biblia y en otros libros religiosos.

Otro elemento de nuestro cuerpo energético es la **Llama Trina**. Es la chispa divina que has e conocer como ki, chi o prana; y se encuentra en nuestro cuerpo energético desde la concepción. Cuando nacemos, mide alrededor de un milímetro –depende de tu karma y nivel de conciencia-, y la vas aumentando por medio de amor y sabiduría, entendiendo y haciendo la voluntad de Dios.

Esa energía primordial está dividida en tres llamas o plumas, la pluma azul simboliza al Padre, quien es el poder y la ley, la amarilla el Hijo, manifestada en el sol, y simboliza la sabiduría e iluminación; la llama rosa es el espíritu Santo, el amor. Están unidas en la base por una esfera blanca que se le llama la energía madre.

Durante nuestra vida, nuestra acciones alimentaran esta llama y se debe cuidar el equilibrio, todas las llamas han de medir lo mismo, ninguna ha de ser mayor o menor a las demás. Hay que poner atención a los tres aspectos siempre para mantener ese balance energético.

La **Presencia YO SOY** es la energía individual de Dios que se te otorgo cuando fuiste concebido. Es el "verdadero tú" que está anclado en tu corazón. Te anima y te da la Vida. Tú eres la Presencia de Dios aquí, en este preciso lugar y momento. Es la invocación de Dios y su presencia en nosotros al ser sus creaciones. La Presencia Yo Soy es el Ser majestuoso que realmente somos, sagrados y gloriosos ya que somos hijos de Dios.

En la Biblia dice que podemos referirnos a Dios como "Yo soy quien soy"; su contexto es el encuentro de la zarza ardiente (Éxodo 3:14): cuando Moisés pregunta qué va a decir a los israelitas cuando le pregunten qué Dios [Elohiym] les ha enviado, y YHWH responde: "Yo soy quien Yo soy ", y agregó:" Di esto al pueblo de Israel: "Yo soy" me ha enviado a ustedes.

Esa chispa divina que nos anima y da la vida se crea en el momento de la concepción, y en esta época es muy controversial el tema ya que se ha permitido el asesinato de bebés como algo normal, como un "derecho"; y no es mi lugar decirte que pensar u opinar pero considera bien esto ya que el trabajar con energía y Dios ha de ser congruente; si realmente entendemos estos conceptos, el aborto será impensable y nunca más un tema a discusión.

El **cuerpo causal** es un envoltorio de energía en el cual residen el conocimiento, las acciones y las experiencias de vida pasadas y la memoria de cuando éramos solo almas; define la individualidad y preferencias.

Es donde se graba tu karma y dharma durante toda tu evolución humana, absorbiendo todo el aprendizaje de cada una de las acciones positivas, nobles y armoniosas que ejecutas. No te preocupes, que las acciones negativas no se graban, mientras te arrepientas y aprendas, acuérdate que por eso vivimos bajo la Gracia, es decir, Jesús pago por ellas.

Ahí guardamos el conocimiento, las experiencias y la memoria, que se transforman en sabiduría; la cual compartimos con otros seres humanos cuando nos conectamos con ellos.

Cada uno de estos cuerpos causales se convierten en esferas de luz que rodean a Dios y representan todas las palabras, obras, pensamientos, sentimientos virtuosos y energías puras del hombre; son lo que Jung llamo el *inconsciente colectivo* y es esa fuente de eterna y total sabiduría, creada por las experiencias y conocimiento de todos los seres humanos combinados.

El **Yo Crístico** representa la expresión de la energía de absoluto amor divino, de Cristo. Creada para servir de puente para conectar a las personas con su divina presencia. Es la conciencia superior, el alma evolucionada.

Cuando estamos en contacto con el amor de Jesús, tenemos una mayor comprensión de nosotros mismos. Y también nos permite conectar con otros por medio del amor, la empatía y la misericordia.

Recordemos que también tenemos un alma, que debe equilibrar el karma y cumplir el plan divino para que al final de nuestro viaje podamos unirnos permanentemente a Dios. Y un espíritu, que como ya explicamos, es tu "yo" real, eterno.

Y finalmente, el famoso **Cordón (o cadena) de Plata**, que sirve de unión energética con la presencia Yo Soy y está anclado en ti a través de los chakras y canales de energía.

Mencionado en la Biblia como la "Cadena de Plata" nos explica como mantiene unido al cuerpo y la energía de Dios, a manera de cordón umbilical.

Todos estos conceptos los vamos a usar en las afirmaciones, decretos, oraciones y ejercicios, así que te recomiendo que leas esta parte con calma hasta que entiendas los conceptos claramente, de la misma manera, te exhorto a que estudies más de estos temas, hay mucha información a tu disposición en el internet.

Después de ver un poco de todo, desde iconografía hasta definiciones, espero que todo esté claro, ya que vamos a empezar con lo más interesante: ¡vamos a trabajar!.

Las invocaciones, decretos y afirmaciones son cortas, así que te las aprenderás de memoria rápidamente y te exhorto a que las utilices todo el tiempo. Yo las uso al despertar, cuando manejo o cuando viajo, antes de hablar en público, al responder a altercados, mientras espero en el consultorio médico, mientras recibo tratamientos, etc. Se creativa en cómo usarlas, solo recuerda usar le energía adecuada a cada situación, es decir, protección se le pide a Miguel, sanación a Rafael, etc.

Los ejercicios son más complejos y se hacen a la par de meditación, así que son menos flexibles; ya que se tienen que hacer con preparación; es decir, tienes que dedicar tiempo para ellos, estar en un lugar adecuado, etc. Te recomiendo que primero leas y entiendas cada uno de los ejercicios que hay en el libro, luego que los grabes en tu teléfono celular; así te será más fácil seguir las instrucciones y tendrás a la mano los ejercicios.

AFIRMACIONES, DECRETOS, ORACIONES E INVOCACIONES DE LOS ANGELES

ORACIÓN COTIDIANA PARA ASEGURAR CONEXIÓN CONTINÚA CON LO DIVINO

"Padre Nuestro, soberano de todos los cielos, cuyo nombre es loado por todos, permite que tu perfección resplandezca en nosotros y que maduremos según tu voluntad, eficaz en todo y por todo, que recibamos los frutos de nuestro trabajo y no caigamos en el pecado, ni abrumemos a los demás con el peso de sus faltas, danos fuerza para resistir la tentación y para vencer el mal a fin de que seamos dignos de ti por toda la eternidad, Amen.

¡Ave María, llena eres de gracia!, El Señor es contigo, Bendita eres entre todas las mujeres y Bendito el fruto de tu vientre Jesús. Santa María, Madre de Dios ruega por nosotros Hijos e Hijas de Dios, ahora y en el momento de nuestra victoria sobre el pecado, la enfermedad y la muerte.

En nombre de Dios, Yo soy el que Yo soy,
En nombre de su Hijo Jesucristo,
Yo invoco Ángeles y Arcángel es para que me ayuden

Santo, Santo, Santo, Señor Todopoderoso. Tú eres Santo en manifestación en el hombre.

Yo Soy el amor de Dios, y para el día (noche) de hoy imploro protección.

Soy uno con el Todopoderoso y con mis espíritus tutelares y doy gracias por el auxilio recibido".

DECRETO DE MISION

"¡Haz de mí, un instrumento de la paz de Dios!"

ORACION PARA PEDIR GUIA
Y CONECCION CON DIOS

"Escucha, Oh Israel. El Señor Nuestro Dios es el único Señor
Escucha, Oh Israel. El Señor Nuestro Dios es el único Señor
Escucha, Oh Israel. El Señor Nuestro Dios es el único Señor

DECRETO PARA PEDIR GUIA
Y CONECCION CON DIOS

*"Yo Soy la extensión de Dios, aquí abajo como es arriba
y sólo Dios es mi Maestro".*

INVOCACIÓN DE JESUS

"Jesús, por medio de tus Ángeles, visita éste lugar, habita en nuestras almas, habla en nosotros, haznos dóciles a tu amor, muéstranos el camino, danos la paz que sólo viene de Dios".

INVOCACIÓN PARA PEDIR

"En nombre de Yo soy el que Yo soy, llamo a los siete Arcángel es y a sus legiones de luz. Llamo al amado Arcángel _________ y a los Ángeles de _________ y les pido que _______________________________________.

Pido que mi llamado sea multiplicado y utilizado para ayudar a las almas necesitadas de este planeta.

Se los agradezco y acepto lo hecho en esta hora con pleno poder, de acuerdo a la voluntad de Dios".

INVOCACIÓN PARA LA INSPIRACION Y GUIA

"En nombre de mi ser real, llamo a los Ángeles para que me lleven en mi conciencia anímica al retiro etéreo del Arcángel _____________ y los Ángeles de _________________.

Pido ser llenado e inspirado con la voluntad de Dios y pido a el Arcángel __________ y a los Ángeles de _________________ que ______________________________, y pido que toda la información necesaria para el cumplimiento de mi plan divino le sea entregada a mi conciencia externa según la necesite.

Les doy las gracias y acepto lo hecho en esta hora con pleno poder".

INVOCACIÓN PARA PETICIONES COMPLEJAS

*"Escucha, Oh Israel. El Señor Nuestro Dios es el único Señor
Escucha, Oh Israel. El Señor Nuestro Dios es el único Señor
Escucha, Oh Israel. El Señor Nuestro Dios es el único Señor*

Yo Soy la extensión de mi Dios, aquí abajo como es arriba y sólo Dios es mi Maestro.

Jesús, por medio de tus Ángeles, visita éste lugar, habita en nuestras almas, habla en nosotros, haznos dóciles a tu amor, muéstranos el camino, danos la paz que sólo viene de Dios.

En nombre de mi ser real, llamo a los Ángeles para que me lleven en mi conciencia anímica al retiro etéreo del Arcángel __________ y los Ángeles de ____________. Pido ser llenado e inspirado con la voluntad de Dios y pido a el Arcángel ________ y a los Ángeles de ____________ que ______________________, pido que toda la información necesaria para el cumplimiento de mi plan divino le sea entregada a mi conciencia externa según la necesite. Les doy las gracias y acepto lo hecho en esta hora con pleno poder".

Algunas veces, es necesario hacer algunos ajustes físicos y acompañar la oración o afirmación con actos físicos y visualizaciones. Como en este ejemplo.

PETICION DE PROTECCION

Cuando te encuentres ante una pelea inminente, o vayas a un juicio, a una junta que va a ser difícil, importante, donde se va a decidir el futuro de tu carrera, vida, o ante una cirugía, etc. inhala profundamente, empujando el diafragma hacia afuera y visualiza una luz poderosa que cae desde el cielo, de forma concentrada, como las de un teatro y que te cubre completamente.

Estás bañada de luz. Tu respiración te calma y centra tus pensamientos y sentimientos. Te recuerda que tú y la otra(s) persona(s) son criaturas de Dios aunque en este momento la(s) otra(s) persona(s) no esté consciente(s) de ello. Ámalos incondicionalmente.

Ahora di la

ORACION de PROTECCIÓN de SAN MIGUEL ARCÁNGEL

Invoca:

"Arcángel Miguel, protector y guía, deja que tu luz brille a través de mí y tu presencia aparezca ante mí".

Otra ORACION de PROTECCIÓN de SAN MIGUEL ARCÁNGEL

Cuando salgas de tu casa, Invoca: *"San Miguel Arcángel , ayúdame, ayúdame, ayúdame"* y a continuación haces tú petición:______________________________

Visualiza al Arcángel Miguel en cada una de las posiciones que se mencionan mientras dices:

"San Miguel delante, San Miguel atrás, San Miguel a mi derecha, San Miguel a mi izquierda, San Miguel arriba, San Miguel abajo".

Afirma: *"San Miguel, San Miguel, San Miguel doquiera que voy. ¡Yo soy su amor protegiendo aquí!"*

Repite esto 3 o 9 veces y al mismo tiempo visualiza como una burbuja de protección de luz azul se genera y te cubre completamente (y el vehículo en el que viajas o el lugar en el que estás). Acuérdate de cubrir también a toda la gente que este a tu alrededor, ¡multiplica el amor!

AFIRMACION DE PROTECCION

Es particularmente poderosa para mantener alejados malos espíritus, energías o aun demonios, y ayuda a resistir tentaciones.

"En nombre de Dios Yo Soy el que Yo Soy, en nombre de mi Santo Yo Crístico, invoco al Arcángel Miguel que ate a todos los demonios de la desesperanza y pido su ayuda que eviten que entren a mi casa, a mi vida.

En nombre de Dios Yo Soy el que Yo Soy, en nombre de mi Santo Yo Crístico, invoco al Arcángel Gabriel que ate a todos los demonios de la desesperanza y pido que no permita que entren a mi casa, a mi vida".

ORACION de CURACIÓN

Cuando te sientas mal, te empiece a doler la cabeza, o mientras tomes tu medicamento, recibas tratamiento, etc. afirma:

"¡Yo Soy la resurrección y la vida de mi salud perfecta manifestada ahora!"

ORACIÓN DE CURACIÓN
DE SAN RAFAEL ARCÁNGEL

Afirma: *"Yo soy la perfección de Dios, manifestada en cuerpo, mente y alma. Yo Soy la dirección de Dios fluyendo para curarme y mantenerme integro.*

¡Oh, átomos, células, electrones en este cuerpo mío, que la perfección misma del cielo me haga ahora completa!

Las espirales de la integridad Crística me envuelven con su poder. (Visualiza esto)

Yo Soy la presencia soberana que ordena: ¡Soy todo luz!"

Pedimos iluminación antes de empezar a estudiar, antes de presentar un examen, o cuando necesitamos entender algo complejo. Las afirmaciones se usan en todo momento; mientras que la invocación es para situaciones más complejas e importantes.

AFIRMACION COTIDIANA de ILUMINACIÓN

¡Ángeles resplandecientes de alturas celestiales, carguen mí ser y mi mente de luz!

AFIRMACION de ILUMINACIÓN

*¡Oh llama de luz brillante y dorada, Oh llama maravillosa de
contemplar, Yo Soy el que brilla en toda célula del cerebro. Yo Soy
el que todo lo adivina a la luz de la sabiduría, Incesante fuente
fluyente de iluminación flameante. Yo Soy, Yo Soy Yo Soy
iluminación!*

INVOCACIÓN PARA LA ILUMINACIÓN

"Amado Arcángel Jofiel y sus legiones de luz, necesito su ayuda. Vengan a mí ahora. Ayúdenme, Ayuden a mi alma a entrar en contacto con mi Yo Superior. Quiero comunicarme con esa parte de mí. Quiero convertirme en mi Yo Superior aquí en la tierra.

Quiero ser capaz de hacer las mayores obras que Jesús dijo que podría hacer porque él está en el corazón del Padre. Oh, Jofiel corrígeme, repréndeme, muéstrame qué es y que no es aceptable para los hijos de Dios. Muéstrame qué camino debo tomar. No soy más que un niño, deseo aprender, deseo escuchar.

Entra a mi casa. Ayúdame... (o a mis hijos, matrimonio, familia, etc.)
Ayúdame a: _______________________ (petición aquí, por ejemplo: "a encontrar el trabajo que necesito para mantenerme y mantener a quienes de mí dependen".)

AFIRMACIÓN DE LA LUZ

"¡Ángeles resplandecientes de alturas celestiales, carguen mí ser y mi mente de luz!"

DECRETO DE LA ILUMINACIÓN

"¡Oh llama de luz brillante y dorada, Oh llama maravillosa de contemplar, Yo Soy el que brilla en toda célula del cerebro.

Yo Soy el que todo lo adivina a la luz de la sabiduría, Incesante fuente fluyente de iluminación flameante. Yo Soy, Yo Soy Yo Soy iluminación!".

AMOR Y TRANSMUTACIÓN

Ante situaciones donde tienes que cambiar el ambiente y las energías reinantes, una rápida afirmación puede ayudar a limpiar el área:

"En el nombre de Dios, Yo Soy el que Yo Soy, en Nombre del Arcángel Samuel: ¡márchense, fuerzas contrarias al amor!" (3 o 9 veces).

INVOCACIÓN para trabajar con AMOR Y TRANSMUTACIÓN

"Dios Todopoderoso, te llamo en esta hora, invocando la presencia del poderoso círculo y espada de llama violeta delos Elohim de Dios alrededor de nuestra (casa, ciudad, etc.)

Le pedimos al Arcángel Samuel que ate las fuerzas contrarias al amor. Que sean atadas y eliminadas de este planeta para que nunca más vayan en contra de _______ (víctimas). *Exijo la curación de* _______ (problema).

Invoco la curación no sólo de mi ciudad sino de todas las ciudades, todos los pueblos y todos los hogares de todas las naciones del planeta. Porque sabemos que las legiones de Ángeles están a la altura de ésta tarea y si llamamos a uno, podemos llamar a todos, por tanto decimos juntos ahora: En Nombre de Dios, Yo Soy El que Yo Soy: ¡márchense, fuerzas contrarias al amor!

¡Márchense, fuerzas contrarias al amor!" (7 veces más para tener 9 repeticiones).

AFIRMACION DEL CUERPO CRISTICO

"Yo soy el espíritu crístico trabajando como enlace entre el cielo y la tierra, en esta unión me baña con su paz y amor".

Esta oración es poderosa porque refuerza tu llama interior al tiempo que te conecta con Dios, se usa cuando necesites sentirte fuerte, ante problemas difíciles, en preparación para situaciones demandantes y también la recomiendo para usarla periódicamente para ayudar al mundo y conectarnos para limpiar el mundo de las energías contrarias al amor.

ORACION A LA SANTA LLAMA CRÍSTICA CON EL ANGEL DE LA GUARDIA

"Oh, Santa Llama Crística dentro de mi corazón, ayúdame a manifestar todo lo que tú eres, enséñame a verte en todas partes, ayúdame a mostrarle a la gente cómo invocar toda tu gloria desde la creación el Sol, hasta que se haya obtenido la gran Victoria de la tierra. Yo Soy, te amamos ¡Tú eres todo lo que somos! Yo Soy te amamos, escucha nuestra llamada.

Escucho su llamada, hijos queridos, Yo Soy en su corazón, por tanto nunca teman. Yo Soy en su mente, así como su cuerpo. Yo Soy el que está en todas sus células, Yo Soy su tierra, mar, cielo y ninguna alma pasaré por alto. Yo estoy en ustedes, ustedes en mí, Yo Soy, Yo Soy su Victoria".

Use este decreto todos los días y también cuando sientas que necesitas ayuda y apoyo.

DECRETO DE TU ANGEL DE LA GUARDA

"Ángel de mi guarda, mi dulce compañía, no me desampares ni de noche ni de día, hasta que descanse en los brazos de Jesús. Amen"

DECRETO DE TU ANGEL DE LA GUARDA PARA INICIAR EL DIA

"Ángel de mi guarda, mi dulce compañía, no me desampares ni de noche ni de día, hasta que descanse en los brazos de Jesús.

Ángel del señor, que por su piadosa providencia eres mi guardián, custódiame en este día, ilumina mi entendimiento, dirige mis afectos gobierna mis sentimientos para que hoy pueda hacer la labor de Dios. Amen"

DECRETO DE TU ANGEL DE LA GUARDA PARA RETIRARSE A DORMIR

"Ángel de mi guarda, mi dulce compañía, no me desampares ni de noche ni de día, hasta que descanse en los brazos de Jesús.

En la noche que vigilas mis sueños, y haces que sean buenos y tranquilos; tu que me proteges cuando llega la obscuridad, mantenerme a salvo y en paz; ayúdame a recobrar la fuerza y descansar. Amen"

AFIRMACION de TRANSMUTACION

Para ser usada cotidianamente cuando quieras transmutar energías, es excelente para empezar el día o antes de irse a dormir; para ayudar a otros y mientras se trabaja en equipo.

" ¡Gloria a Dios y a los Ángeles de la llama Violeta!"

OTRA AFIRMACION de TRANSMUTACION

"¡Yo Soy un ser de Fuego Violeta,
Yo Soy la pureza que Dios desea!"

DECRETO DE LA LLAMA VIOLETA

Excelente para transmutar energía, recomendable para iniciar sesiones de yoga o meditación, mientras te bañas o arreglas o antes de iniciar cualquier ejercicio de limpieza energética.

"Yo soy la llama violeta, en acción en mí ahora.

Yo soy la llama violeta, sólo ante la luz me inclino.

Yo soy la llama violeta, en poderosa fuerza cósmica.

Yo soy la llama violeta, resplandeciendo a toda hora.

Yo soy la llama violeta, brillando como un sol.

Yo soy la llama violeta, liberando a cada uno".

DECRETO DE LA HOGERA DE LLAMA VIOLETA

Excelente para deshacerse de tribulaciones y miedos, ayudar con la autoestima y en nuestro progreso para ser una mejor persona.

"Yo Soy lo ilimitado del espíritu de la luz, Yo soy la percepción de la gloria de Dios, Yo Soy la percepción del poder de Dios, Yo Soy la percepción de la llama Violeta que puede, por el poder de Dios, transmutar toda substancia obscura en la pureza de la gran luz cósmica. Yo Soy el bendito sentimiento de felicidad divina que sale por los poros de mi piel y por las células de mi mente y por los poros de mi corazón.

Yo Soy la libertad de la limitación, Yo Soy la liberación del miedo, Yo Soy la libertad de la inquietud y la preocupación exagerada.

Yo Soy el compromiso que hacen mi alma y todo mi ser, poniéndose en manos del Dios Infinito.

¡Yo Soy la libertad divina en manifestación!

¡Yo Soy la libertad divina en manifestación!

¡Yo Soy la libertad divina en manifestación!

FIAT DE LOS ÁNGELES DE LA LLAMA VIOLETA

"¡Gloria a Dios y a los Ángeles de la llama Violeta!"

DECRETO DEL CORAZON

Úsala cuando quieras cambiar cómo te sientes, especialmente si te sientes triste o no estas a gusto con lo que estas sintiendo.

"¡Fuego Violeta, divino amor, llamea en éste mi corazón!

Misericordia verdadera tú eres siempre, mantenme en armonía contigo eternamente".

DECRETO DE LA CABEZA

Como la anterior, para ser usada en situaciones cunado necesitas guía, no te gusta lo que está invadiendo tu mente y necesitas cambiar la perspectiva.

"Yo Soy luz, tú Cristo en mí, libera mi mente ahora y por siempre.

Fuego Violeta brilla aquí, entra en lo profundo de mi mente.

Dios que me das el pan de cada día, con fuego Violeta mi cabeza llena, que tu bello resplandor celestial haga de mi mente, una mente de luz".

DECRETO DE LA MANO

"Yo Soy la mano de Dios en acción, logrando la Victoria de todos los días, para mi alma pura es una gran satisfacción seguir el sendero de la vida media".

INVOCACIÓN DEL ARCÁNGEL ZADQUIEL

para pedir por el mundo

"Arcángel Zadquiel ayudadme hoy a ____(petición)____ y te pido que acompañado de todos los Ángeles recorras el mundo y ofrezcan la llama violeta en todos los lugares donde haya gente que sufre".

DECRETO DEL ARCÁNGEL SAMUEL

Muy eficiente para limpiar lugares y situaciones.

"En nombre de Dios, Yo soy el que yo soy, en nombre del amado Arcángel Samuel: ¡Marchaos fuerzas contrarias al amor, Marchaos fuerzas contrarias al amor, Marchaos fuerzas contrarias al amor!

ORACIÓN PARA PEDIR AYUDA
AL ARCÁNGEL SAMUEL

"En el nombre de Dios, Yo Soy el que Yo Soy, en Nombre del Arcángel Samuel:

¡marchaos, fuerzas contrarias al amor! (9).

Dios Todopoderoso, te llamamos en esta hora, invocamos el poderoso círculo y espada de llama azul delos Elohim de Dios alrededor de nuestra ciudad.

Le pedimos al Arcángel Samuel que ate las fuerzas contrarias al amor. Que sean atadas y eliminadas de este planeta para que nunca más vayan en contra de __________ (víctimas, o a quienes quieres protege, incluida tu).

Te pedimos la curación de _________(problema).

Invocamos la curación no sólo de nuestra ciudad sino de todas las ciudades, todos los pueblos y todos los hogares de todas las naciones del planeta. Porque sabemos que las legiones de Ángeles están a la altura de ésta tarea y si llamamos a uno, podemos llamar a todos, por tanto decimos juntos ahora.

En Nombre de Dios, Yo Soy El que Yo Soy: ¡marchaos, fuerzas contrarias al amor! (9)".

AFIRMACION DE PAZ

Se usa para calmar el espíritu, antes de rezar, meditar o hacer cualquier ejercicio espiritual.

"¡Yo Soy la llama viviente de la libertad cósmica!"

OTRA AFIRMACION DE PAZ

Se usa como la anterior pero es también muy recomendable antes de entrar a tu lugar de trabajo, especialmente aquellos que trabajan en lo legal, diplomacia, gobierno, maestros, etc. También eficaz cuando necesitas ser guiada en lo que estás haciendo.

"¡Arcángel Uriel y Ángeles de la paz, acepto el don de la paz en mi corazón, en mi alma, en mi espíritu, en mi cuerpo, en mi mente ahora! ¡Haz de mí un instrumento de la paz de Dios!".

DECRETO DE PAZ

Puedes usarla antes de iniciar el día laboral, antes de hacer cualquier ejercicio espiritual y sobre todo cuando estas pidiendo que te guíen al realizar tu destino y seguir el plan de Dios.

"Yo Soy el diseño Divino puro y radiante de mi ser.

Yo Soy el que trae al mundo la plenitud de la misión que es mía

Yo Soy uno con el corazón de Dios

Yo Soy el amor de Dios, Yo Soy el amor del cielo, Yo Soy el amor de los Ángeles, Yo Soy el amor de los Arcángel es, Yo Soy el amor que es real

Yo Soy la llegada a la fructificación del gran propósito por el cual respiré por primera vez".

AFIRMACIONES DE PAZ

Rápida y eficaz para calmarte, traerte paz; úsala cuando te desesperes, necesites ayuda, necesites calmarte, o entres a un ambiente agresivo o caótico para protegerte de esas energías. Nota que la primera pide a la energía que se tranquilice, pero la segunda es petición de fuerza para que tú puedas aplacar situaciones y traer paz, que es muy diferente.

"¡Paz, aquiétate!"

o

¡Haz de mí un instrumento de la paz de Dios!

ORACION DE INVOCACIÓN A LOS
SIETE ARCÁNGELES

Muy poderosa y se puede usar para iniciar meditaciones o plegarias, o simplemente cuando quieras conectarte con los Ángeles. Puede hacerse individualmente o en grupo; lo cual la hace aún más poderosa.

"Oh siete Arcángel es, los llamamos a esta hora para la aceleración de nuestros corazones, para el avivamiento de nuestros chakras, recibir la chispa de la mente de Dios dentro de nosotros. Vengan para estar <u>conmigo (o con los aquí reunidos)</u>

<u>Estoy (estamos)</u> deseando conocerlos y a través de ustedes conocer a Dios.

<u>Estoy (estamos)</u> agradecida (os) por su protección, por ser nuestros instructores, nuestros consoladores, nuestros sanadores, por llevarnos día a día a través de todas las tribulaciones, a través de las cargas y alegrías de nuestra vida hasta la Victoria del día final.

Oh Dios venimos ante ti en esta hora con oraciones muy especiales para nuestros seres queridos y para todos los que sufren en la tierra, ofrezco (ofrecemos) ahora estas oraciones y se (sabemos) que tú escuchas y respondes inmediatamente a mí (nuestra) petición:

____

Miguel, Miguel, Miguel Príncipe de los Arcángel es, de los agradecidos corazones de todos brotan cantos de alabanza por tu celestial presencia. Todos en la tierra te adoran. Dios que vienes del sol en todo lo que el nombre implica. Miguel, Miguel, Miguel que los Ángeles de tus legiones celestiales vengan a librar a todos: purifica, ilumina y manifiesta la gloria de la percepción de la luz que cada quien puede ser.

Jophiel, Samuel, Gabriel, Rafael, Uriel y Zadquiel y poderosos ejércitos de la luz, querubines y serafines de los reinos de la Gloria, rasgad ahora el velo que ofusca nuestra visión humana.

Siete Arcángel es benditos, pidiendo iluminación invoco (invocamos) su presencia con himnos de alabanza, mantenme (manténganos) consagrado (s) al cumplimiento del plan de Dios, para que con pureza sea (seamos) su (s) ministro (s)".

Otra manera muy efectiva de trabajar con Ángeles son ejercicios de meditación, te recomiendo que si nunca haz meditado antes, leas acerca del tema y empieces a practicar con solo un par de segundos y aumentar la complejidad y el tiempo progresivamente.

Como ya dije, talvez sea mejor que uses tu teléfono celular para grabar los ejercicios y que te sea más fácil seguir las instrucciones.

Todos estos ejercicios los vamos a hacer de la misma manera, una vez que te sientas segura, los puedes modificar, puedes hacerlos a tu manera, cambiar la posición, etc.

Si es nuevo en la meditación, configure el cronómetro en su teléfono móvil durante 30 segundos.

Ponte cómoda, sentada con la espalda erguida, los pies firmes sobre el piso, ligeramente separados y las manos sobre los muslos.

Cierra los ojos. Empieza a concentrarte en tu respiración. Toma inhalaciones lentas, profundas y regulares.

Revisa tu cuerpo desde los dedos de los pies hasta la parte alta de la cabeza, relajando cada parte de su cuerpo. Cuando hayas terminado de relajar todo tu cuerpo, respira profundamente y suspira.

Ahora respira con delicadeza lentamente de modo profundo haciendo una pausa entre cada inhalación y expiración.

Sigue haciendo esto hasta que suene la alarma, practica esto diariamente y agrega 30 segundos más cada vez que lo hagas, una vez que llegues a los 5 minutos, estarás lista para hacer los siguientes ejercicios.

Si ya sabes cómo relajar tu cuerpo, ve directamente a hacer los ejercicios.

EJERCICIO PARA SINTONÍSARSE CON LOS ANGELES

Ponte cómoda. Cierra los ojos. Empieza a concentrarte en tu respiración. Toma inhalaciones lentas, profundas y regulares.

Revisa tu cuerpo desde los dedos de los pies hasta la parte alta de la cabeza, relajando cada parte de su cuerpo. Cuando hayas terminado de relajar todo tu cuerpo, respira profundamente y suspira.

Ahora respira con delicadeza lentamente de modo profundo haciendo una pausa entre cada inhalación y expiración.

Di: *"Voy a contar del uno al diez y cuando llegue al diez estaré en un profundo estado de relajación y de conciencia en el cual puedo comunicarme con mis guías angelicales y recibir su amor, luz, y energía de sanación del más alto bien"*

- Visualiza el número uno y el color rojo llenando tu primer Chakra
- Visualiza el número dos y el color naranja llenando tu segundo Chacra
- Visualiza el número tres y el color amarillo llenando tu tercer Chakra
- Visualiza el número cuatro y el color verde llenando tu cuarto Chakra
- Visualiza el número cinco y el color azul llenando tu quinto Chakra
- Visualiza el número seis y el color índigo llenando tu sexto Chakra

- Visualiza el número siete y el color violeta llenando tu séptimo Chakra
- Visualiza el número ocho y el color dorado llenando tu cuerpo entero
- Visualiza el número nueve y el color plateado llenando tu cuerpo entero
- Visualiza el número diez y el color blanco llenando tu mente

Imagina ahora que estás dentro de una esfera de luz blanca, ahí estás a salvo de la negatividad. Este es tu espacio sagrado para tus contactos angélicos.

Haz contacto con tus Ángeles. Observa cuando bajen a verte, se feliz en su presencia. Mantente en este estado tanto como lo desees, no pidas nada, es solo para hacer la conexión y saber que están a tu alcance cuando los necesites.

Al terminar el contacto da las gracias y regresa a la realidad contando lentamente: 10 9 8 7 6 5 4 3 2 1.

Afirma: *"Cuando despierte estaré lleno de vida y vitalidad sabiendo que estoy en armonía con la naturaleza, la vida y el cosmos. Sólo tengo pensamientos positivos, sólo tengo actitudes positivas. Cada respiración me lleva a un estado más sano, fuerte y vibrante. Estoy en paz conmigo y esta serenidad y quietud será radiada a mi exterior a un nivel consciente. Tengo pleno dominio sobre todos los niveles de mi ser".*

Adquiere conciencia de ti misma y cuando estés lista, abre los ojos.

Da gracias.

EJERCICIO DE CURACIÓN DEL ARCÁNGEL RAFAEL

Inicia con el ejercicio de relajación y ve a tu esfera de protección.

Visualiza cómo desde el cielo baja el Arcángel Rafael y se queda suspendido ante ti... su luz verde te cubre completamente.

Visualiza ahora que de sus manos sale luz y esa energía toma forma de tres esferas concéntricas de luz dorado-verdosa, ésta es la luz curativa de Dios.

Ahora visualiza la parte de tu cuerpo que está enferma y trae esas esferas de luz a esa parte de tu cuerpo.

A continuación visualiza la luz curativa de Dios penetrando en esa parte de tu cuerpo, visualiza como resplandece y se regenera.

Ahora visualiza esa parte funcionando perfecta y normalmente.

Decreta: *"Yo estoy cambiando todas mis vestiduras, las viejas por el resplandeciente nuevo día, con el sol del entendimiento YO Soy, el que brilla por todo el camino, Yo Soy luz por dentro, por fuera, luz por todas partes... lléname. Libérame, glorifícame, séllame, sáname, purifícame, hasta que ya transfigurado me describan Yo Soy el que brilla como el Hijo, Yo Soy el que brilla como el sol.*

Yo Soy la llama de la resurrección destellando la pura Luz de Dios
Yo Soy quien eleva cada átomo ahora
Yo Soy liberado de todas las sombras
Yo Soy la luz de la presencia divina
Yo Soy por siempre libre en mi vida
La preciosa llama de la vida eterna se eleva ahora hacia la Victoria".

Visualiza tu cuerpo perfecto y curado… iluminado. Lleno de luz, brillando como el sol.

Cuando termines, agradece al Arcángel Rafael.

Adquiere conciencia de ti misma y cuando estés lista, abre los ojos. Da gracias.

Ten fe que has sido curada, tienes que creerlo y sentirlo.

Desde lo más simple a lo más complejo, siempre usa este ejercicio: cuando tomes tu medicamento, te empiece un dolor de cabeza etc. También, cada día, cada semana o cada mes mientras estés en tratamiento médico; **pero nunca suspendas tus medicamentos o tratamientos.**

Enseña a otras personas a hacer este ejercicio para ayudarlas a sanarse.

Este ejercicio también se pude usar para curar a otros a distancia, te diré cómo:

Inicia con el ejercicio de relajación.

Decreta:
"En Nombre de Jesucristo, Yo Soy la resurrección y la vida perfectos de ____ (menciona aquí el nombre de la persona enferma)

Haz la misma visualización, pero con la persona enferma.

Visualiza cómo desde el cielo baja el Arcángel Rafael y se queda suspendido ante la persona enferma y usa las tres esferas concéntricas de luz dorado-verdosa en ellos, en la parte de su cuerpo enferma; visualiza la luz curativa de Dios penetrándoles y cómo su parte enferma resplandece y se regenera y finalmente visualiza como está funcionando perfecta y normalmente.

Haz el mismo decreto y visualiza el cuerpo perfecto y curado… iluminado. Lleno de luz, brillando como el sol.

Cuando termines, agradece al Arcángel Rafael.

EJERCICIO DE CURACIÓN DEL ARCÁNGEL   RAFAEL

Inicia con el ejercicio de relajación.

Decreta: *"Yo estoy cambiando todas mis vestiduras, las viejas por el resplandeciente nuevo día… con el sol del entendimiento YO Soy el que brilla por todo el camino, Yo Soy luz por dentro, por fuera, luz por todas partes… lléname. Libérame, glorifícame, séllame, sáname, purifícame, hasta que ya transfigurado me describan Yo Soy el que brilla como el Hijo, Yo Soy el que brilla como el sol.*

YO Soy la llama de la resurrección destellando la pura Luz de Dios…
Yo soy quien eleva cada átomo ahora, Yo Soy liberado de todas las sombras… Yo Soy liberado de todas las sombras…
Yo soy la luz de la presencia divina…
Yo Soy por siempre libre en mi vida…
La preciosa llama de la vida eterna se eleva ahora hacia la Victoria".

Visualiza tu cuerpo perfecto y curado… iluminado. Lleno de luz, brillando como el sol.

Cuando termines, agradece al Ángel…

Adquiere conciencia de ti misma y cuando estés lista, abre tus ojos.

Da gracias

2 EJERCICIO DE CURACIÓN DEL ARCÁNGEL RAFAEL

Inicia con el ejercicio de relajación.

Decreta: *"En Nombre de Jesucristo, Yo Soy la resurrección y la vida perfectos de* ______ *(menciona aquí el nombre de la persona enferma)* ______ *".*

Visualiza cómo desde el cielo baja el Arcángel Rafael y se queda suspendido ante la persona enferma... Visualiza ahora que de sus manos sale luz... energía que toma forma de tres esferas concéntricas de luz dorado-verdosa, ésta es la luz curativa de Dios. Ahora visualiza la parte del cuerpo enferma... a continuación visualiza la luz curativa de Dios penetrando en esa parte de su cuerpo... resplandece y se regenera... visualízalo funcionando perfecta y normalmente.

Decreta: *"Yo estoy cambiando todas mis vestiduras, las viejas por el resplandeciente nuevo día... con el sol del entendimiento YO Soy el que brilla por todo el camino, Yo Soy luz por dentro, por fuera, luz por todas partes... lléname. Libérame, glorifícame, séllame, sáname, purifícame, hasta que ya transfigurado me describan Yo Soy el que brilla como el Hijo, Yo Soy el que brilla como el sol.*

YO Soy la llama de la resurrección destellando la pura Luz de Dios...
Yo soy quien eleva cada átomo ahora, Yo Soy liberado de todas las sombras... átomo ahora, Yo Soy liberado de todas las sombras...
Yo soy la luz de la presencia divina...
Yo Soy por siempre libre en mi vida...
La preciosa llama de la vida eterna se eleva ahora hacia la Victoria"

Visualiza el cuerpo perfecto y curado… iluminado. Lleno de luz, brillando como el sol.

Cuando termines, agradece al Ángel…

Adquiere conciencia de ti misma y cuando estés lista, abre tus ojos.

Da gracias

EJERCICIO DEL MUNDO ANGELICO.

Inicia con el ejercicio de relajación.

Cuenta del uno al cuatro mientras inhalas
Cuenta del uno al dos sosteniendo la respiración
Exhala contando del uno al cuatro
Cuenta del uno al dos sosteniendo la respiración

Inicia de nuevo.

1 2 3 4   1 2   1 2 3 4   1 2

1 2 3 4   1 2   1 2 3 4   1 2

Continúa respirando de la misma forma y concéntrate en cómo entra el aire a cada parte de tu cuerpo.

Siente circular la sangre por tus venas y cada uno de tus órganos vitales.

Siente el peso y densidad del cuerpo, siente cada hueso. Ahora imagina tu piel, siente su calor e imagina que todo tu cuerpo irradia energía en forma de un aura blanca y dorada.

Imagina ahora el mundo exterior: las grandes montañas y explanadas; desciende dentro de la tierra, visualiza la lava y siente la energía de la tierra, pasa por las diferentes capas de la tierra visualizando sus entrañas con oro y otros metales, cristales, y ascendiendo por las capas sales por el mar; subes hasta que sientes las olas y ves la luna sobre el cielo.

Sigues las corrientes de agua: ríos de agua fresca y limpia, cascadas caudalosas y altas, lagos serenos… sientes la energía del agua.

Observas el cielo y sientes el viento, observa sus diferentes intensidades desde brisa hasta tormenta. Observa cómo lleva las semillas a través de la tierra. Observa como empuja a las nubes a través del mundo y a las embarcaciones a través de los océanos. Ahora vuelas por el viento y sientes la fuerza del viento.

Sigues volando y sales de la atmósfera, observas el espacio infinito y silencioso, y observas a nuestro mundo… observas el sol y las estrellas.

Ahora elije la estrella más hermosa y brillante del universo… parece expandirse e intensificar su luz y brillantez cuando te acercas.

A medida que te acercas, la estrella se vuelve una espiral en movimiento creando un túnel de luz lleno de seres angelicales… te sientes muy bien, sientes la chispa vital de energía eterna dentro de ti.

En ese túnel van y vienes Ángeles; te acercas a ellos y habitas un rato en su compañía, sientes su amor y su energía; ahora pídeles su bendición.

Disfruta de su compañía.

Pide que te guíen a partir de este momento.

Cuando te sientas lista para regresar, agradéceles y regresa al mundo a través del espacio, vuela por el cielo y sus nubes, a través del mar y las costas y regresa a la tierra hasta llegar a tu casa.

Adquiere conciencia de ti misma y cuando estés lista abre los ojos.

Da gracias.

EJERCICIO DE LA REVISION DE LA VIDA

Este es un poderoso ejercicio que te ayudara a buscar sentido a la vida y también ayuda como guía. No olvides llevar a cabo el plan que haremos al final del ejercicio.

Inicia con el ejercicio de relajación.

Empieza a concentrarte en tu respiración. Toma inhalaciones lentas, profundas y regulares. Cuando inhales, imagina que respiras una luz dorada que te calienta y calma.

Imagina que es de noche y te encuentras sola en un paisaje que te es familiar, un lugar bello lleno de paz, acepta el entorno como lo imagina tu mente, no lo cambies.

La noche es tibia y quieta, la luna llena ilumina con su luz brillante. Sigue caminando hasta que ves un edificio tipo museo o biblioteca, que sabes que es importante para ti. Se ve que hay luz dentro del edificio aunque parece que no hay personas dentro.

Al acercarte observas que la puerta está abierta y entras. Estás en un vestíbulo enorme y bello y lees un letrero que dice:

"Hoy se exhibe la vida de _______" ¡Es tu propio nombre!

Caminas hacia la primera sala y dice "Primera parte" y están exhibidos a modo de cuadros los principales acontecimientos desde el inicio de tu vida hasta ahora; los buenos y malos. Caminas observándolos sin sentir absolutamente nada ya que aquí no se juzga, sólo se observa.

Revisa los logros de tu vida y si alguno te llama la atención porque es un buen recuerdo, disfrútalo y continúa.

Si alguno es un recuerdo doloroso, detente. Reflexiona, pon atención a tus decisiones y a los acontecimientos de tu vida… aprende de tus errores; ahora entiendes por qué pasaron.

Ahora es claro cómo la ayuda angélica estuvo a tu lado siempre.

Te acercas a las puertas de salida y en un atril observas un libro abierto. Te acercas y al hojearlo encuentras que contiene un mensaje para ti… ¿qué dice?

Luego, te das la vuelta y ves una serie de puertas; pero una en especial te llama la atención, ya que hay una brillante luz blanca que sale de la puerta cerrada, y al acercarte, te encuentras con tu Ángel guardián, quien te esta esperando.

Es a una nueva sala de exhibición que tiene una marquesina con el título: "segunda parte".

Abres la puerta y sientes la luz de la presencia de tu Ángel y recorres la habitación con seguridad ya que sientes la protección de él y sabes que no tienes por qué temer al futuro.

Imagina qué acontecimientos deseas para el futuro y obsérvalos como cuadros.

Esta visualización tiene que estar cargada emocionalmente, te tienes que sentir emocionada de ver tu futuro.

Al terminar, agradece a tu Ángel y sal del edificio.
Regresas a tu paisaje, y de ahí a tu casa.

Adquiere conciencia de ti misma y cuando estés lista abre los ojos.

Toma papel y lápiz. Piensa qué debes hacer y cómo debes actuar para hacer que sucedan esas visiones del futuro. Haz un plan detallado.

Da gracias.

EJERCICIO DE LA PROTECCIÓN ANGELICAL

Inicia con el ejercicio de relajación.

Visualiza cómo se disuelve el piso y entras en contacto directo con la tierra y absorbes su energía a través de las plantas de tus pies.

Sientes un cosquilleo o calor en las plantas de los pies, y esa sensación la subes poco a poco a todo tu cuerpo: piernas… cadera… abdomen… pecho… espalda… brazos… cuello… cara… cabeza.

Estás lleno de energía y rodeado de una luz blanca.

En cada inhalación, energía entra por tu coronilla y esta energía se concentra en tu frente, en el centro de tu tercer ojo. También empiezas a concentrar energía en el centro de tu pecho, en tu corazón.   Luego se concentra al centro de tu plexo solar debajo de tu ombligo en el vientre.

Siente la concentración de energía en esas tres zonas de tu cuerpo.

Ahora siente como de esas zonas irradias tú esa energía proyectando rayos de luz.

De esos rayos de luz toma forma un Ángel alado hermosísimo con una gran espada.   Ese es tu Ángel de la Protección. Siéntete en comunión con él. Llénate de su amor.

Habla con él, pide protección contra lo que te preocupa y encomiéndale una tarea con instrucciones claras y precisas, Da también un tiempo determinado para realizarla. Recuérdale de no lastimar a nadie –aun a personas que quieran lastimarte- y que actué según la voluntad de Dios.

Adquiere conciencia de ti mismo y cuando estés listo abre los ojos.

Da gracias.

Algo que poco se menciona, y es de capital importancia, es que recuerdes que los Ángeles no están superditados a las leyes físicas y no tienen concepto de tiempo como nosotros; así que recuerda cuando le pides a un Ángel su ayuda, dales un tiempo preciso. Por ejemplo, ayúdame *ahora, en este preciso momento;* o acompáñame a mi cirugía *el lunes,* o ayúdame a casarme *este año.*

Cuando termine el tiempo de la petición o cuando veas los resultados; recuerda liberar al Ángel, y obviamente también no olvides dar las gracias.

Libera Ángeles con este ejercicio:

RETIRO DE LA PROTECCIÓN ANGELICAL

Inicia con el ejercicio de relajación.

Visualiza cómo se disuelve el piso y entras en contacto directo con la tierra y absorbes su energía a través de las plantas de tus pies.

Sientes un cosquilleo o calor en las plantas de los pies, y esa sensación la subes poco a poco a todo tu cuerpo: piernas… cadera… abdomen… pecho… espalda… brazos… cuello… cara… cabeza…

Estás lleno de energía y rodeado de una luz blanca.

En cada inhalación entra por tu coronilla energía y esta energía se concentra en tu frente, en el centro de tu tercer ojo. También empiezas a concentrar energía en el centro de tu pecho, en tu corazón.   Luego se concentra al centro de tu plexo solar debajo de tu ombligo en el vientre.

Siente la concentración de energía en esas tres zonas de tu cuerpo.

Ahora siente como de esas zonas irradias tú esa energía proyectando rayos de luz.

Esos rayos de luz llaman al Ángel que completó tus instrucciones y se presenta ante ti, agradécele por lo que hizo. Al acercarse es reabsorbido por tus rayos de energía. El Ángel se disuelve en ellos.   Tú retiras los rayos de luz, agradeciéndole su ayuda.

Adquiere conciencia de ti mismo y cuando estés listo abre los ojos.

Da gracias.

EJERCICIO DE PROTECCIÓN DE LOS ARCÁNGELES

Inicia con el ejercicio de relajación.

Visualiza un punto de luz blanca en el centro de tu frente. Siente cómo va creciendo de tamaño e intensidad hasta que cubre más de tu cabeza.

Imagínate a ti mismo tomando con las manos esta esfera de energía y la vas estirando hacia abajo de modo que ahora tu cuerpo completo está cubierto por un cilindro de luz blanca.

Ahora estás protegida contra todo lo negativo.

Repite la siguiente invocación:

"Padre Celestial, como una chispa de vuestra flama eterna, encarnado en vuestro servicio, pido la guía y protección de vuestros divinos mensajeros.

Que Rafael vaya delante de mí, Gabriel detrás de mí, Miguel junto a mi lado derecho, y Uriel junto a mi lado izquierdo, vierte sobre mí el brillo de la estrella de seis rayos, signo de la Vida y presencia de Dios, para que ilumine mi verdadero camino hacia mi verdadero lugar de paz".

Adquiere conciencia de ti mismo y cuando estés listo abre los ojos.

Da gracias, confiada en que has invocado la máxima guía y protección.

Con este ejercicio vamos a solucionar problemas con otras personas; pero necesito advertirte que esto debe hacerse DESPUÉS de haberlos perdonado; este ejercicio no funcionará si estás enojada o sientes que necesitas algún tipo de reivindicación.

EJERCICIO PARA MEJORAR LAS RELACIONES

Inicia con el ejercicio de relajación.

Pide a tu Ángel Guardián que se acerque y te asista *"por el bien superior de todo lo que concierne"*.

Visualiza a tu Ángel Guardián que se acerca y se pone detrás de ti envolviéndote con sus alas en un aura de luz multicolor.

Visualiza a la otra persona en cuestión acercándose en compañía también de su Ángel Guardián.

Tú y la otra persona se sientan y se colocan frente a frente. Los Ángeles Guardianes se quedan parados detrás de cada uno de ustedes.

Tú te sientes con el corazón en paz y lleno de amor incondicional hacia la otra persona.

Comunica a tu Ángel Guardián tu deseo de arreglar cualquier problema entre los dos y pedir perdón por cualquier dolor que hayas causado y que cualquier deuda karmática entre los dos sea saldada por el bien superior de todo lo que concierne.

Observa como los dos Ángeles unen sus alas desdoblándolas y tocándose formando un círculo lleno de luz blanca que rodea a la otra persona y a ti.

Al inhalar observa que atraes a la otra persona.

Repite la afirmación:

"A partir de hoy, _________ (el nombre de esa persona) y yo tenemos una buena y positiva relación. La energía fluye libremente entre nosotros".

Visualiza como la energía fluye entre ustedes dos y como se llevan bien, se abrazan, etc.

Ahora al exhalar, libera a la otra persona y los dejas en brazos de su Ángel Guardián.

Agradece a los dos Ángeles su ayuda y siéntelos regresar.

Adquiere conciencia de ti misma y cuando estés lista, abre tus ojos.

Da gracias, confiada en que ha arreglado el problema y no te olvides de cambiar tu actitud la próxima vez que veas a esa persona, como si fueran mejores amigos y nunca pasó nada. Repito, este ejercicio no te libera de la necesidad de pedir perdón o perdonar.

EJERCICIO DEL ANGEL DEL PERDON

Inicia con el ejercicio de relajación.

Visualízate a ti misma parada en la cima de una montaña enorme, el viento es fresco, claro y vigorizante. Más abajo las nubes no te permiten ver la tierra, y vez en los rebordes cabras pastando, flores exóticas de muchos colores que crecen entre las grietas de las piedras, solamente se oye el viento y el tintineo de las campanas de los cuellos de las cabras.

Te alejas del borde y caminas por una planicie hasta un pequeño puente de madera que cuelga sobre un arroyo, empiezas a cruzar y te detienes a la mitad para disfrutar del sonido del agua que corre y te siente profundamente relajado. Cruzas el puente y te encuentras en una llanura donde se encuentra un pequeño templo al que te sientes atraído irresistiblemente.

Subes diez escalones y entras. Te llena una sensación de serenidad y bienestar. Te llena el olor de incienso y flores, ves velas prendidas por todos lados. Todo es calma y serenidad.

Se encuentran varias personas sentadas en callada contemplación. Tú avanzas hasta el altar que está lleno de flores, frutas y fotografías de Ángeles que han ayudado a las personas que hoy están en el templo.

Tú te inclinas ante una hermosa estatua de un Arcángel, sin adorarlo, te sientas en el cojín que está frente a la estatua.

Permite que aquello que te preocupa aflore desde tu corazón. Sale desde tu corazón en forma de una pesada y horrible piedra que finalmente cae al piso y se rompe en mil pedazos, que se vuelven polvo y se lo lleva el viento.

Escribe tu problema en un papel, lo doblas y lo quemas en una de las velas que tiene el Arcángel en su pedestal. Observa cómo se ennegrece y vuelve ceniza. La ceniza se tira en un recipiente con agua. Acepta que los errores son parte del aprendizaje de la vida y ahora estás absuelto de cualquier culpa.

Agradeces la ayuda y sales del templo, para regresar a tu montaña.

Adquiere conciencia de ti misma y cuando estés lista, abre los ojos. Da gracias, confiada en que se te ha perdonado y promete que actuarás con bondad de ahora en adelante ya que has aprendido.

Este ejercicio también se puede utilizar si desea pedir perdón pero no puedes hacerlo en persona.

También puede hacerlo antes de ir a hablar con la persona o enviar la carta real; para que su ángel de la guarda conozca tus intenciones de antemano.

Pero vale la pena señalar que este ejercicio no sustituye realmente ir a pedir perdón a la persona a la que ha agraviado; ya que necesitas reconocer tu error, liberarlos, hacer reparaciones y limpiar tu karma.

Para este ejercicio necesitas estar en un lugar tranquilo, que nadie te moleste, apaga el teléfono, y pon ante ti una vela blanca, papel, pluma, un sobre y un recipiente lleno de agua hasta la mitad. Prende la vela.

EJERCICIO ANGELICAL PARA RESOLVER DISPUTAS

Inicia con el ejercicio de relajación.

Invoca: *"En nombre de dios, Yo soy el que Yo soy, pido que se me bendiga con la presencia de mi Santo Ángel Guardián en esta hora de necesidad. Pongo en sus manos este asunto y pido que sea resuelto por el bien superior de todo lo que concierne"*.

Ahora toma el papel y la pluma, cierra los ojos por un instante y visualiza a tu Ángel parado detrás de ti, siente sus manos en tus hombros ofreciéndote guía, valor y comprensión. Pídele que te guíe en este asunto.

Ahora escribe la carta a la persona que te ha disgustado como si se la fueras a dar, explicándole qué fue lo que te hizo, cómo te sientes por ello y explicándole tu punto de vista. Visualiza a la persona mientras lo haces.

Mientras escribes, bajo la mirada de tu Ángel, te sientes mejor y la enemistad y cualquier sentimiento negativo se disipa. Ahora perdonas y olvidas.

Pon la carta en el sobre y dirige el sobre a la persona en cuestión. Pide a tu Ángel Guardián que lleve el mensaje y tus sentimientos hacia la luz. Quema el sobre en la vela y las cenizas las dejas caer en el recipiente con agua.

Agradece a tu Ángel y apaga la vela.

Este ejercicio crea un espacio divino en tu mente, de ahora en adelante, cada vez que necesites recargar energías, ir a un lugar seguro, o simplemente para hacer meditaciones; usa este espacio que de ahora en adelante existirá solo para ti. Solo necesitas hacer este ejercicio una vez, después solo usaras la segunda parte.

EJERCICIO DEL ANGEL DE LA TIERRA

Inicia con el ejercicio de relajación.

Visualízate de pie en un bosque, una placentera y agradable mañana, observa cómo la luz del sol está entrando entre los árboles.

Caminas por el bosque y buscas un claro donde te sientes muy bien, ahí vas a construir con tu mente un santuario… hazlo a tu entero gusto y con mucho detalle... imagina cómo las herramientas necesarias aparecen según las necesites… toma tu tiempo… hazlo muy bello.

Amuéblalo a tu gusto… haz un altar para honrar a tu Ángel de la tierra.

Cuando termines invoca al Ángel de la tierra para que venga y lo santifique.

Observa la luz del sol entrar al santuario y con ella se materializa el Ángel ante ti desde el corazón de esta dorada y suave luz.

Di: *"Ángel de la tierra, te pido me bendigas con tu amorosa presencia aquí en este lugar y momento con el propósito de iluminarme… ven en la forma que elijas pero siempre con la bendición y lo mejor del Todo poderoso. Así sea"*.

Siente su presencia, la manifestación de su amor incondicional… siéntete al amparo de sus alas protectoras, pide que se te otorgue lo que ahora necesitas.

Agradece ahora a tu Ángel por haberte escuchado y otorgado su bendición, visualízalo regresando a la luz.

Adquiere conciencia de ti misma y cuando estés lista, abre tus ojos.

Da gracias

EJERCICIO DEL ANGEL DE LA TIERRA

SEGUNDA PARTE

Inicia con el ejercicio de relajación.

Visualízate de pie en un bosque, una placentera y agradable mañana, observa cómo la luz del sol está entrando entre los árboles.

Caminas por el bosque y buscas el claro donde construiste el templo… al encontrarlo entras e invocas al Ángel de la tierra para que venga.

Observa la luz del sol entrar al santuario y con ella se materializa el Ángel ante ti desde el corazón de esta dorada y suave luz.

Di: *"Ángel de la tierra, te pido me bendigas con tu amorosa presencia aquí en este lugar y momento con el propósito de iluminarme… ven en la forma que elijas pero siempre con la bendición y lo mejor del Todo poderoso. Así sea".*

Siente su presencia, la manifestación de su amor incondicional… siéntete al amparo de sus alas protectoras, pide que se te otorgue lo que ahora necesitas.

Agradece ahora al Ángel por haberte escuchado y otorgado su bendición, visualízalo regresando a la luz.

Adquiere conciencia de ti misma y cuando estés lista, abre tus ojos.

Da gracias.

EJERCICIO DEL ANGEL DEL AIRE

Inicia con el ejercicio de relajación.

Visualízate sentado en unas ruinas de un antiguo templo parcialmente enterrado en un vasto y silencioso desierto.

Contempla el pasar del tiempo y medita la impermanencia de las cosas materiales… lo que era una gran civilización ahora sólo es polvo… al pasar de los siglos el sol, el frío y el viento han erosionado las superficies talladas y cuarteado las construcciones… los rasgos de las estatuas están borrados. Este es el destino de todos los intentos del ser humano para imponer su voluntad sobre los elementos. Aunque el templo es un cascarón vacío se siente una poderosa presencia. Siéntela. Invoca a este ser que parece deseoso de comunicarte los secretos de alguna vez se enseñaron aquí.

Di: *"Ángel del aire, pido que me bendigas con tu presencia amorosa aquí en este lugar y momento con el propósito de iluminarme. Ven con la forma que elijas pero siempre con la bendición y lo mejor del Todopoderoso, así sea."*

Visualiza su presencia en una luz tan brillante, que haz de proteger tus ojos de ella, te rindes a su cálido abrazo… Sientes el movimiento de sus poderosas alas y te absorbe la luz… sientes cómo te elevas… el Ángel te lleva con él sobre el desierto en un cielo sin nubes, la brisa acaricia tu rostro… se elevan cada vez más alto… por debajo de ti ves el vasto desierto… ves poblados, construcciones y personas… pero tú ya te sientes ajeno a las acciones humanas. Los asuntos del mundo son ya de poca importancia.

Llegan hasta un puerto y ves barcos empujados por el viento en sus velas… observas que junto a ti el viento lleva semillas de árboles y plantas, polen… sientes su fuerza creadora. Todas las cosas tienen su lugar y propósito en la existencia y al realizar su parte, pasarán y serán dispersos como la arena del desierto.

Suspendidos en el cielo, hacen una pausa. Haz tu petición al Ángel ahora. Escucha lo que te quiere comunicar.

Ahora agradece por su ayuda, por su bendición y por todas sus enseñanzas.
Él te regresa al templo y te coloca gentilmente en el suelo. Te despide amorosamente. Observa como regresa al cielo hasta que desaparece.

Adquiere conciencia de ti mismo y cuando estés lista abre tus ojos.

Da gracias.

EJERCICIO DEL ANGEL DEL AGUA

Inicia con el ejercicio de relajación.

Visualízate sentado bajo un árbol, junto a un lago rodeado de montañas. Está amaneciendo y observas la salida del sol... los rayos bañan las calmadas aguas con un flamante rojo y naranja... te levantas y empiezas a caminar en la orilla del lago... el caminar te llena de paz... no tienes miedo, estrés ni sentimientos negativos... Siente el pasto húmedo bajo tus pies... huele el fresco aire de montaña... siente la brisa en tu cara y entre tu cabello y sobre tu cuerpo... escucha el canto de los pájaros y el llamado de los animales en las montañas.

Mientras caminas en la orilla observas las piedras y plantas en el borde del agua... recoge una piedra... siéntela... deseas nadar, así que dejas tu ropa en un árbol cercano... entras al agua... está tibia y sientes el barro del fondo entre los dedos de tus pies... pasa cerca de ti un hermoso pez... nadas un poco más y acabas por sentarte en unas rocas que sobresalen al centro del lago... estás sintiendo la caricia del sol en todo tu cuerpo.

Invoca ahora al Ángel del agua. Di: *"Ángel del agua, pido que me bendigas con tu presencia amorosa aquí en este lugar y momento con el propósito de iluminarme. Ven con la forma que elijas pero siempre con la bendición y lo mejor del Todopoderoso, así sea."*

Él aparece de entre el agua ante ti.

Haz ahora tu petición... mantente alerta de lo que oyes y ves...

Agradécele su bendición y observa cómo regresa a la esencia del agua… empieza a nadar hacia la orilla, sientes que tu cuerpo se seca con el sol y al llegar a los árboles te vistes… estás revitalizada, en paz y feliz.

Adquiere conciencia de ti misma y cuando estés lista, abre tus ojos.

Da gracias

EJERCICIO DEL ANGEL DEL FUEGO

Inicia con el ejercicio de relajación.

Visualízate caminando por un espeso bosque... llegas a un hermoso templo... y entras por la puerta principal... está desierto y un intenso olor a incienso llena el lugar. Mira alrededor, observa los detalles del lugar... en un extremo del edificio encuentras una escalera que baja aun piso inferior... cuentas los escalones mientras bajas sintiéndote cada vez más relajada: 10 9 8 7 6 5 4 3 2 1

Estás ahora completamente relajada, más sensible... más consciente... el cuarto está iluminado por velas y sólo hay una piedra a modo de altar al centro.

Te aproximas e invocas al Ángel del Fuego que te bendiga con su presencia.

Di: *"Ángel del fuego, pido que me bendigas con tu presencia amorosa aquí en este lugar y momento con el propósito de iluminarme. Ven con la forma que elijas pero siempre con la bendición y lo mejor del Todopoderoso, así sea."*

Siente ante ti como se inicia un fuego en el altar y de ahí emerge el Ángel.

Es un Ángel enorme y poderoso que trae al costado una espada de fuego.

Él levanta la espada y la coloca ante sus labios para luego apuntarla al centro de tu frente... luego a cada lado de tu cabeza... y finalmente hacia tu garganta.

Esta acción estimula tus centros de energía.

Haz tu petición y preguntas ahora… pon atención a lo que veas y escuches.

Después el Ángel limpia tu aura pasando la espada alrededor de tu cuerpo: el lado derecho… por arriba… el lado izquierdo y por debajo… siente cómo te purifica mental, física y emocionalmente.

Finalmente toca con la punta de su espada tus chakras: coronilla… frente… garganta… corazón… plexo solar… sacro… raíz…. Siente cómo la flama viviente pasa a través de tu cuerpo energizándolo y equilibrándolo.

Él ha terminado su labor.

Agradécele su curación y bendiciones, observa cómo regresa al fuego.

Nota como el fuego empieza a perder intensidad hasta que es una pequeña flama en el altar.

Regresas a la parte superior del templo y sales de él hacia el bosque.

Adquiere conciencia de ti misma y cuando estés lista, abre tus ojos.

Da gracias

EJERCICIO DEL ANGEL DE LA LUNA

Inicia con el ejercicio de relajación.

Visualízate en un templo, ante el altar del Arcángel Gabriel. Está decorado con lilas, hay un recipiente de agua bendita y un cáliz de plata.

La luz de la luna pasa a través de las ventanas iluminándote completamente. Sientes coma la energía de la luna llena tu cuerpo, tu mente y tu espíritu.

Te relajas. Poco a poco se desprende tu alma de tu cuerpo físico y se eleva por el haz de luz de luna, eres uno con la luz y cualquier preocupación terrenal ya no importa.

Visualiza como dejas el templo, caminas por el bosque, observas a los espíritus de la naturaleza y a los Ángeles en sus tareas y continúas tu recorrido hacia un corredor de columnas; este sagrado camino te lleva ante el Arcángel Gabriel.

Te presentas ante él y haces ahora tu petición…
Pon atención a lo que veas o escuches…

Agradece Su ayuda y bendición y regresa por el corredor de las columnas, por el bosque, de regreso al templo y reencuéntrate con tu cuerpo físico, siente de nuevo tu cuerpo.

Cuenta 10 9 8 7 6 5 4 3 2 1

Adquiere conciencia de ti misma y cuando estés lista, abre tus ojos.

Da gracias

EJERCICIO DEL ANGEL DEL SOL

Inicia con el ejercicio de relajación.

Visualízate tomando un refrescante y aromático baño... después te colocas una bata y sandalias ... aún no amanece y estás en una casa enorme, con el piso en cuadrados blanco y negro y ventanales con vitrales por donde se filtra la luz de la luna y la luz ilumina toda la habitación de mil colores...

Abres la puerta y te encuentras ante un trono con Ángeles alados bañados en luz a los lados... ves por todos lados símbolos solares...

Los Ángeles te ayudan a vestir con unos zapatos negros... unos pantalones rojos... un cinturón dorado... una túnica verde... un collar de cristales azules... una cinta blanca para el pelo con una gran piedra preciosa color índigo... una corona dorada sobre tu cabeza...

Ahora te sientes llena de una bella luz blanca y pura. El Ángel a tu derecha te da el dorado cetro del sol en tu mano derecha, y el Ángel de la izquierda pone un mundo dorado en tu mano izquierda...

Se acerca el amanecer, caminas hacia el balcón en compañía de los Ángeles y ante ti en el cielo sale el sol en el horizonte... siente los rayos del sol... siéntete en comunión con el sol y su energía...

Pide ahora lo que desees...

Siente ahora como la luz del sol se intensifica hasta que ya no puedes ver en la brillantez y tu cuerpo se llena de su calor...

Disfruta el momento.

Agradece la ayuda y bendición

Regresa a la realidad física poco a poco contando:

10 9 8 7 6 5 4 3 2 1

Adquiere conciencia de ti misma y cuando estés lista, abre tus ojos.

Da gracias

EJERCICIO DEL ANGEL
DEL TEMPLO INTERIOR

Inicia con el ejercicio de relajación.

Visualízate en el vestíbulo de un templo… la puerta está ante ti… observa el signo sobre la puerta… a puerta se abre y entras al templo… nota los detalles… una vestimenta está puesta en una de las paredes laterales, la tomas y te la pones… al centro hay una alberca de agua limpia y quieta iluminada por un haz de cálida luz desde el cielo estrellado.

Esta cámara tiene al frente una puerta que da al norte, cubierta por tela verde … a la izquierda la puerta oeste cerrada con una tela azul… a la derecha la puerta del este sellada por una tela amarilla… y detrás de ti se cierra la puerta del sur cerrada por una tela roja.

Del otro lado de la alberca se encuentra un bello altar entre dos pilares… en el altar hay dos candelabros con una vela blanca cada uno… te acercas a la alberca y pides bendiciones… te quitas la ropa y entras al agua… sientes que el agua te calma, te cura, te vigoriza… todo lo malo se disuelve… puedes oler una esencia en el aire… ¿qué es?…

Nadas al centro de la alberca y cae sobre ti el haz de luz del cielo y te baña… la luz blanca que se torna en roja que luego cambia a naranja… luego a amarillo… ahora cambia a verde… luego a azul… ahora a violeta… morado…y finalmente se queda blanca de nuevo.

La luz va intensificando su brillantez hasta que no puedes ver… pero sientes en la luz una gran presencia… amorosa y gentil pero muy poderosa… ves la silueta de un Ángel. Dale la bienvenida… háblale… abrázalo… pide lo que necesites, aprende de él: Mantente atenta… ¿qué hace, que te dice… te da algo?…

Ahora sientes cómo el regresa al cielo y la luz regresa a su intensidad normal… refrescada sales de la alberca, te pones la bata… Sal del lugar y vístete con tu ropa, deja la bata en su lugar…

Agradece la bendición del Ángel y despídete.

Medita sobre lo que te dijo o te dio.

Adquiere conciencia de ti misma y cuando estés lista, abre tus ojos.

Da gracias

EJERCICIO DEL ANGEL DEL SANTUARIO

Inicia con el ejercicio de relajación.

Visualízate en la orilla de un lago, en un bello bosque, a un lado de una monte donde cae una cascada… sientes las gotitas de la brisa húmeda… puedes oler la frescura… la tierra húmeda y el bosque de pinos…

Todo está quieto y sólo se escucha el sonido del viento al mover las hojas, el caer y correr del agua y algún pájaro que ocasionalmente pasa por ahí…hasta de oyes una especie de música bellísima que proviene de la cascada…

Te quitas tu ropa y entras al agua… nadas atravesando el lago y entras a la cascada… al caerte el agua sientes como todo lo malo se lava de tu cuerpo… te sientes muy bien, purificada… al voltear hacia atrás te das cuenta que la cascada ocultaba la entrada a una cueva en la montaña… y entras en ella… las paredes resplandecen con la luz que reflejan las piedras preciosas…

Ya no escuchas la música pero sientes una presencia… en ese momento te percatas que el Ángel del lago se encuentra contigo… él te invita a pasar y te muestra una cámara llena de regalos, fotos y recuerdos tuyos… pasa… revísalos… recuerda tus regalos… tus recuerdos…

Al terminar te enseña otros muchos cuartos llenos de cosas… uno de ellos es tu presente… ¿que ves? Mas delante hay otra área, tú sabes que es tu futuro… pero el Ángel te impide la entrada y sabes que no lo puedes ver aún…

Di al Ángel qué deseas y qué necesitas…

Agradece al Ángel por su ayuda y su bendición…

Sales de la cueva y regresas al lago… te vistes…

Adquiere conciencia de ti misma y cuando estés lista, abre tus ojos.

Da gracias.

El término "akáshico" viene del quinto elemento hindú "akásha" que simboliza el elemento "éter", que es equivalente al "espacio" o "cielo".

Ese "éter" es la energía cósmica presente en todo el universo y es el sutil vehículo que transporta el sonido, la luz y la información, las bases constituyentes de la energía y de la vida.

Esta energía akáshica se guarda en lo que llaman "registros". Los registros se encuentran en el alma y se ingresa a ellos a través de la meditación.

Y el estar en contacto con ellos nos ayuda para comprender el motivo de las cosas que nos suceden, aprender y crecer en función de eso. Es conectarse con la energía interior y la que nos rodea para poder ordenar el pasado y entender el presente, preparándonos para el futuro.

Es muy importante que estés en contacto con tu carga akáshica interior, para que puedas tener acceso a la energía del universo, y al hacerlo, recibir instrucción divina.

EJERCICIO DEL ANGEL AKÁSHICO

Inicia con el ejercicio de relajación.

Visualiza un pequeño punto de luz en medio de la obscuridad… mantenlo enfocado… observa cómo crece hasta que se vuelve un túnel de luz incandescente…

Caminas a través del túnel de luz… y sales a una enorme catedral que te parece familiar… es una catedral de cristal. Sabes que ahí se almacenan los registros de todas tus acciones.

Entras al edificio y absorbes su atmósfera… el interior está sumamente iluminado… las ventanas tienen vitrales con imágenes de los Ángeles que han estado siempre a tu lado… obsérvalas una a una y ponte de pie ante la que más te llame la atención… él ha sido quien más te ha ayudado pero antes no lo sabías, a partir de ahora lo conoces y lo sentirás cerca siempre… sientes que la luz aumenta de intensidad en el lugar hasta que ya no puedes ver… después vuelve a su brillantes normal y te das cuenta que el Ángel se ha materializado ante ti… Ahora pídele que te muestre el momento en esta vida o cualquiera de tus vidas pasadas que se relacione con tu situación actual que necesitas resolver… él te lleva ante una ventana y observas cómo pasa ante ti la acción como una película proyectada en el cristal… ¿qué observas?…

¿Te agrada lo que viste?

Medita lo que debes cambiar de ahora en adelante para saldar tus karmas.

Cuando termines, agradece al Ángel…y pídele permiso para regresar en otra ocasión, ponte atento a lo que te diga… toma nota.

Adquiere conciencia de ti misma y cuando estés lista, abre tus ojos.

Da gracias

En este trabajo, es importante que entiendas que se usan todas las herramientas, vamos a decretar, orar, meditar y también hacer trabajo físico. Es muy poderoso. Funciona mejor cuando lo haces a otra persona, pero lo puedes hacer en ti misma también.

Para el trabajo, necesitas un cuchillo o espada (de preferencia sin filo) de acero inoxidable, usa un marcador permanente para poner el nombre de "Miguel" en la hoja de metal.

TRABAJO DE ELIMINACION DE VICIOS CON SAN MIGUEL ARCANGEL

Inicia con el ejercicio de relajación.

Visualiza como los cielos se abren para dejar pasar a Sn Miguel Arcángel y admíralo en toda su gloria, como brilla su armadura, su espada, tus enormes alas…

Pídele ayuda. Se especifica.

Abre tus ojos, levántate y de pie, decreta poderosamente:

"Amada y poderosa presencia YO SOY, en el nombre de la justicia y Misericordia Divinas, invocamos tu protección". (*repítelo 9 veces haciendo la señal de la cruz*)

"Amada Poderosa Victoriosa presencia de Dios, YO Soy en mí, tu inmortal llama autoalimentada de amor crístico dentro de mi corazón, Santos Seres Crísticos de todos los portadores de luz del mundo, amado gran director divino, amado Saint Germain, Amado Jesús, el Cristo, Amados Ángeles y Arcángel es, Amado Dios, vida elemental: fuego, agua, tierra y fuego.

En nombre y por el poder de la presencia de Dios Yo Soy, invoco la presencia y el poder de la cruz de la llama azul de los maestros ascendidos, como un invencible escudo de sustancia de luz cósmica que actúa como un poderoso pilar de protección de llama azul en manifestación en mi conciencia y ser, (así como en la conciencia y ser de todos los aquí presentes (si estás trabajando con otras personas) las 24 horas del día.

Oh, amada presencia Yo Soy, en el corazón de toda la vida.
Poderosa presencia YO SOY de Dios descendiendo como una poderosa corriente radiante energía de luz cargada para hacer su Sagrada Voluntad, como Dios en manifestación en este mundo de la forma".

Repite este decreto 9 veces, haciendo la señal de la cruz y visualizando una radiante esfera de energía de luz azul adelante, detrás, arriba, abajo y a los lados de ti (y de la persona que trabajas).

Decreta: *"Amada poderosa presencia Yo Soy, en el nombre de la justicia y la misericordia, en el nombre de Cristo, en el nombre de la luz de Dios que nunca falla, digo a todo vicio, pecado y karma negativo: No tienes ningún poder. Se acabaron tus días. Sé disuelto y consumido del cuerpo de la tierra por siempre".*

Pasar el cuchillo o espada por delante, detrás, arriba, abajo, un lado, el otro, visualizando que cortas con ella los lazos o brazos que te tienen amarrada (o a la persona)

Visualiza como el pecado, vicio, demonio o karma sale huyendo del lugar para ser amarrado por San Miguel Arcángel y devorado por la tierra.

Visualízate (o a la persona) la radiante y libre.

Decreta: "Yo Soy, Yo Soy, Yo Soy por toda la luz y el amor de Dios, sé que Yo Soy la victoria cósmica y el poder de la luz en todas partes por siempre". (9 veces).

Decreta: *"El poder de la llama azul desde el corazón de Dios, en el nombre de Cristo, en el nombre de la poderosa presencia Yo Soy, les pido que nos manden megatones de luz cósmica, rayos de llama azul y de llama violeta en, a través y alrededor de nuestros cuatro cuerpos inferiores, en nuestros chakras, nuestras conciencias, ser y todo el mundo".*

Da tres palmadas bien fuerte

Decreta:

"Poder de la llama azul desde el corazón de Dios. Expande tu fe a través de mí hoy.
Poder de la llama azul desde el corazón de Dios, libérame por el rayo del relámpago

Poder de la llama azul desde el corazón de Dios, destella en acción del rayo de perfección
Poder de la llama azul desde el corazón de Dios.
Oh llama de buena voluntad, gobierna por siempre.
Poder de la llama azul desde el corazón de Dios, expande a través de mi la luz de protección
Poder de la llama azul desde el corazón de Dios.

Toma dominio ahora, ante tu luz me inclino, yo soy la luz diamantina, voluntad de llama azul brillante, agradecida por el rayo enviado hoy a mí, lléname completamente hasta que solo estés tú.

Yo vivo, me muevo y existo dentro del poderoso foco ígneo del victorioso relámpago azul de amor divino desde el corazón de Dios en el gran sol central y mi propia presencia Yo Soy, amado Arcángel Miguel y los poderosos Elohim, cuyos poderosos rayos de luz nos rodean y llenan con la omnipotencia y omnisciencia de Dios y su omnipresente amor.

Salgo victorioso en la luz de Dios que siempre, siempre, siempre gana.

Amado Yo Soy, Amado Yo Soy, Amado Yo Soy.

Con plena fe, conscientemente yo acepto que se manifieste, manifieste, manifieste.

Aquí y ahora mismo, con pleno poder, eternamente sostenido y omnipotentemente activo, siempre expandiéndose y abarcando el mundo hasta que todos hayan ascendido completamente a la luz y sean libres.

Amado Yo Soy, Amado Yo Soy, Amado Yo Soy.

Desde el principio hemos estado ganando".

Invoca: "Arcángel Miguel, toma todo este __________(menciona el vicio(s)). *Ya he (o la persona) vivido bastante tiempo con él (ellos). Yo tomaré tu fe, tu tomas mi ___________, es un buen trato.*

Padre Nuestro, Ave María.

Amen

Como ves, es un poderosísimo trabajo, así que prepárate lo mejor posible.

Es importante que antes de hacer este trabajo te memorices las palabras o las tengas a la mano, y también acuérdate de hacerlo en un lugar adecuado, puede ser en la naturaleza, un bosque, la playa o en tu casa, y aplica tu conocimiento e intuición, usa velas, incienso, trae tu Biblia o lo que quieras y necesites.

CONCLUSION

Solo me queda desearte lo mejor en tu viaje de vida.

Espero que tu vida sea mejorada con la presencia de los Ángeles y te exhorto a trabajar con ellos todo el tiempo; ya sabes, la práctica hace al maestro. Pero recuerda que no debemos adorarlos y no olvides trabajar con Dios, que al final, todo viene de Él.

De la misma manera, aconsejo continuar tus estudios, en el internet hay muchos recursos que puedes estudiar para profundizar tu conocimiento, evolucionar espiritualmente y balancear tu energía.

Al final, recuerda que todo el trabajo que hagamos tiene que ser para perfeccionarnos, y como efecto de dominó, mejorar nuestra casa, familia, sociedad y el mundo.

Es mi aspiración que este manual te sea de utilidad por toda tu vida, y no olvides compartir lo que aprendas, hay que enseñar a otros con amor para hacer este mundo mejor.

Recuerda que el espíritu de servicio que debemos de tener está mencionado en la Biblia, Isaías 6:8:

Y oí la voz del Señor que decía: "¿A quién enviaré, y quién irá por nosotros?" "Aquí estoy; envíame a mí," le respondí.

Responde la llamada, cambia al mundo.